SCHW
ARZ
WALD

W0173105

Reisen mit MARCO POLO
Insider-Tipps

MARCO POLO TOP-HIGHLIGHTS

CASINO BADEN-BADEN ⭐ 1

Hier wird geklotzt, nicht gekleckert: Das gilt für die Einsätze bei Roulette, Poker und Black Jack ebenso wie für das üppige Ambiente.

➤ S. 47, Nördlicher Schwarzwald

NATIONALPARK SCHWARZWALD ⭐ 2

Die Natur wird hier sich selbst überlassen. Das erlaubt dir Einblicke in einen faszinierenden Selbstfindungsprozess.

📷 *Tipp: An den Allerheiligen-Wasserfällen hast du Nass und Wald eindrucksvoll im Bild.*

➤ S. 53, Nördlicher Schwarzwald

BAD WILDBAD ⭐ 3

Der richtige Ort für alle Schwindelfreien: Auf dem Baumwipfelpfad und der *Wildline* lässt sich die Gegend aus der Höhe betrachten.

📷 *Tipp: Nimm oben auf dem Wipfelpfad-„Becher" das schier endlose, wogende Grüne des Waldes ins Visier.*

➤ S. 60, Nördlicher Schwarzwald

FREILICHTMUSEUM VOGTSBAUERNHOF ⭐ 4

So wurde gelebt, geackert, gebaut und gekocht: Auf der weitläufigen Anlage spazierst du durch sechs Jahrhunderte Schwarzwaldgeschichte.

➤ S. 81, Mittlerer Schwarzwald

EUROPA-PARK & RULANTICA

Von der Achterbahn in die Flugsimulation, vom Märchenland in die Mega-Badelandschaft in einem der weltbesten Freizeitparks 📷 *Tipp: Lichte dich vor den unterschiedlichen Parkkulissen ab und grüß deine Freunde aus gleich mehreren Ländern an einem Tag.*

➤ S. 73, Mittlerer Schwarzwald

THYSSEN-KRUPP-TESTTURM ⭐6

Im Tower-of-Rottweil werden eigentlich Fahrstühle getestet. Ein solcher hievt dich auch auf die höchste Aussichtsplattform Deutschlands (232 m). 📷 *Tipp: Mehr Vogelperspektive geht weit und breit nirgendwo.*

➤ S. 80, Mittlerer Schwarzwald

TRIBERGER WASSERFÄLLE ⭐7

Im Sommer überlaufen, im Winter fast menschenleer. Ein abenteuerlicher Klettersteig führt dich 163 m hinauf (Foto).

➤ S. 82, Mittlerer Schwarzwald

FREIBURGER MÜNSTER ⭐8

Über die Stadt wacht der angeblich schönste Turm der Christenheit, vor der Kirchentür verputzt du eine Lange Rote. 📷 *Tipp: Knips zur Marktzeit vom Turm runter und erstell so dein ganz privates Wimmelbild.*

➤ S. 91, Südlicher Schwarzwald

SCHLUCHSEE ⭐9

Das Wassersportparadies mit dem größten Bauwerk des gesamten Schwarzwalds wirkt auf vielerlei Weise elektrisierend.

➤ S. 113, Hochschwarzwald

WUTACHSCHLUCHT ⭐10

Im „Grand Canyon" des Hochschwarzwalds können Wanderer ihr Landschaftsglück kaum fassen.

➤ S. 121, Hochschwarzwald

INHALT

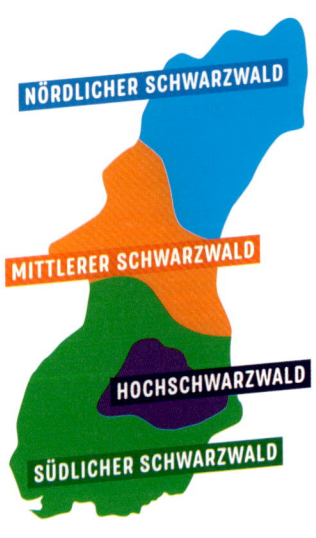

NÖRDLICHER SCHWARZWALD

MITTLERER SCHWARZWALD

HOCHSCHWARZWALD

SÜDLICHER SCHWARZWALD

⏱	Besuch planen	🍴	Essen/Trinken
€–€€€	Preiskategorien	🛍	Shoppen
(*)	Kostenpflichtige Telefonnummer	🍸	Ausgehen
		🌴	Top-Strände

(🗺 A2) Herausnehmbare Faltkarte
(0) Außerhalb des Faltkartenausschnitts

BESSER PLANEN MEHR ERLEBEN!

Digitale Extras
go.marcopolo.de/app/swa

MARCO POLO
DIGITALE EXTRAS

Werde Teil unserer Reise-Community und folge uns auf **Instagram** und **Facebook!**

DIGITAL NOCH MEHR ERLEBEN

1 Website besuchen

2 Die digitale Welt von MARCO POLO entdecken

3 App runterladen und ab in den Urlaub

 Alle Infos zum digitalen Angebot unter **marcopolo.de/app**

DAS BESTE ZUERST

Hingucker: Der Freiburger Münsterturm reckt sich aufmüpfig aus dem Tal

BEST OF ☂

BEI REGEN

SCHÖN, AUCH WENN ES REGNET

KAISERLICH BADEN GEHEN
Wenn schon nass, dann stilvoll: Die nach dem römischen Kaiser *Caracalla benannte Heilwassertherme* in Baden-Baden beweist, dass die Kurstadt Wellness im ganz großen Stil kann.
➤ S. 46, Nördlicher Schwarzwald

KUNSTGENUSS STATT REGENGUSS
Entlang der Baden-Badener Museumsmeile mit ihren vier Häusern wird Kunst von Weltruf gezeigt. Und von der Kunsthalle ins Museum Frieder Burda gelangst du dank einer Glasbrücke sogar trockenen Fußes.
➤ S. 44, Nördlicher Schwarzwald

VASEN BLASEN
Was aussieht wie orangefarbener Kaugummi entpuppt sich als glühendes Glas, woraus in der *Dorotheenhütte* (Foto) in Wolfach die schönsten Dinge geblasen werden. Du darfst auch dein eigenes Souvenir anfertigen.
➤ S. 77, Mittlerer Schwarzwald

HOCHHAUS UNTER TAGE
Direkt unterm Gipfel des Schauinslands ragen die Schächte so hoch wie ein Wolkenkratzer im Berg empor. Mit Helm und Stirnlampe gehst du im *Museumsbergwerk* auf Entdeckungsreise.
➤ S. 97, Südlicher Schwarzwald

TROCKENE TROPFEN TESTEN
Eine *Rebensaft-Verkostung* in der Weinstadt Müllheim findet in lauschigen Probierstübchen oder zünftigen Gewölbekellern statt. Die einzigen Tropfen, mit denen du es zu tun bekommst, hast du im Glas.
➤ S. 99, Südlicher Schwarzwald

AN DIE DECKE GEHEN
In den *Boulder- und Kletterhallen* von Pforzheim bis Weil am Rhein kletterst du Routen bis unters Dach – während der Regen nur auf seine andere Seite prasselt.
➤ S. 35, Sport

BEST OF

LOW-BUDGET

FÜR DEN KLEINEN GELDBEUTEL

UMGEMÄHTES WALDSTÜCK

Katastrophentourismus ist ja eigentlich keine so tolle Sache, auf dem *Lothar-Pfad* aber ausdrücklich erwünscht. Während ihr durchs Trümmerfeld kraxelt, spendiert euch die Natur für lau eine Lehrstunde darin, wie sie mit den verheerenden Schäden des Orkans umgeht.

➤ S. 55, Nördlicher Schwarzwald

PRIVATE RAINDANCE-CHANCE

Der Brausenhersteller Hansgrohe in Schiltach schüttet dich in seiner *Aquademie* gratis zu: In der *Showerworld* testest du dich durch das komplette Duschprogramm von der Regen- bis zur Massagedusche. Kostenpunkt: nix!

➤ S. 78, Mittlerer Schwarzwald

HAPPY HOUR OHNE ENDE

Spendabel, spendabel, die Hochschwarzwälder: Kaum übernachtest du bei ihnen mehr als zwei Nächte, drücken sie dir die *Hochschwarzwald-Card* in die Hand und schmeißen dich mit Museumseintritten, Skiliftickets und Eintrittskarten für den Badetempel zu. Und was wollen sie dafür haben? Keinen Cent!

➤ S. 136, Gut zu Wissen

FREIBURGER FREI-GEHEGE

Der *Mundenhof* ist ein Glücksfall für seine Bewohner – Bisons, Affen, allerlei Wild und die frechen Erdmännchen haben in ihren Gehegen viel Platz. Mindestens so glücklich sind auch die Besucher, die das tierische Treiben kostenlos bestaunen dürfen (Foto).

➤ S. 93, Südlicher Schwarzwald

ZUM GEBURTSTAG VIEL GLÜCK

… und hereinspaziert, ohne zu bezahlen! Ein feiner Zug der Damen und Herren *Europa-Park*. Leider gilt das Geburtstagsgeschenk nur für Besucher bis 12 Jahre. Kleiner Trost für Mami und Papi: Sie haben soeben 47 Euro gespart!

➤ S. 73, Mittlerer Schwarzwald

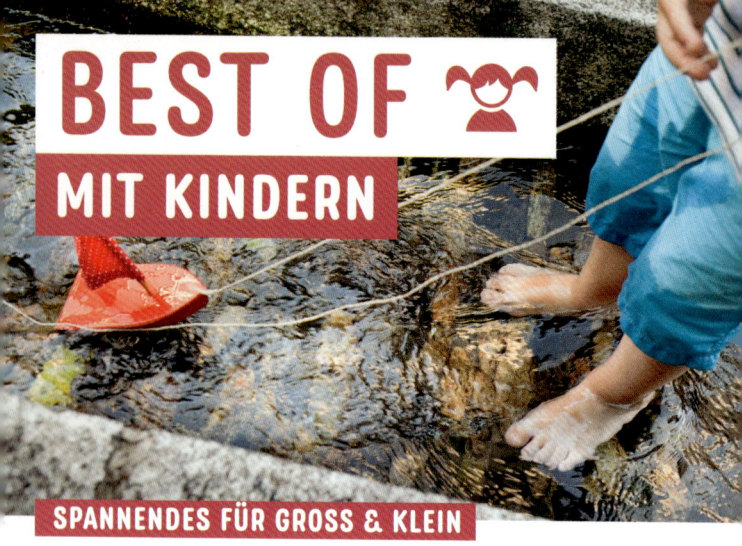

SPANNENDES FÜR GROSS & KLEIN

AUSTOBEN OHNE ENDE

Einen Hochseilgarten, einen Trampolinpark, eine Boulderhalle und einen Riesenspielplatz beherbergt die *Fundorena*. Wem das nicht reicht, der rennt nebenan nochmal den Feldberg rauf.

➤ S. 111, Hochschwarzwald

NICHTS IST, WIE ES SCHEINT

Hier werdet ihr an der Nase herumgeführt. Mit Absicht! Weil die Blumen nicht so riechen, wie sie sollen. Und auch sonst spielen euch Geschmack und Wahrnehmung etliche Streiche. Ein verwirrender Spaß im *Schwarzwaldhaus der Sinne* in Grafenhausen.

➤ S. 105, Südlicher Schwarzwald

BUDDELN WIE EIN BERGMANN

Es blitzt und funkelt in der Erde – greif zu! In der Wolfacher Mineralienhalde *Grube Clara* dürft ihr mitnehmen, was ihr ausgrabt. Das ist gute alte Bergbautradition im Schwarzwald.

➤ S. 77, Mittlerer Schwarzwald

FLITZER, KATZEN, TATZEN

Tiger, Löwen, Kängurus und Zebras sieht man im Schwarzwald nicht alle Tage. In großen Freigehegen schreiten die Tiere in Löffingens *Tatzmania* über die Höhe.

➤ S. 121, Hochschwarzwald

ENDLICH ARTGERECHTIGKEIT!

Wenn die Tiere im *Alternativen Wolf- und Bärenpark* ihre Geschichten erzählen könnten, wären sie herzergreifend. Denn alle haben eine tragische Vergangenheit. Doch hier, in ihrem neuen Zuhause in Bad Rippoldsau-Schapbach, finden sie endlich ein Happy End.

➤ S. 56, Nördlicher Schwarzwald

DURCH DIE KRONEN KRAXELN

Der *Baumwipfelpfad* in Waldkirch kitzelt dich unter den Füßen, führt dich in höchste Blätterregionen und hat allerlei Wissenswertes über Naturschutz zu erzählen. Runter wird gerutscht!

➤ S. 88, Südlicher Schwarzwald

SCHLEMMERSTÄTTE

Freunde der exzellenten Küche sind in der Region gut aufgehoben. Das Zentrum für Gaumenwellness befindet sich in *Baiersbronn*. Über diesem Städtchen funkeln die Michelinsterne so zahlreich, dass man sich nachts die Straßenbeleuchtung sparen könnte.

➤ S. 51, Nördlicher Schwarzwald

ARMER, ARMER NORDEN

Der detailreich restaurierte *Morlokhof* zeigt: Die Bauernhöfe im Nordschwarzwald sind schlichter als die Walmdachpaläste im Süden. Oben das einfache Satteldach, darunter ein paar Stuben für den Bauern und sein liebes Vieh. Üppig wie im Süden präsentiert sich aber das kulinarische Angebot.

➤ S. 52, Nördlicher Schwarzwald

BOLLEN, BABY!

Niemand lässt die einheimische Damen- und Herrenwelt in ihrer Schwarzwaldtracht derzeit so cool aussehen wie der Fotograf *Sebastian Wehrle* aus Freiamt – eine trendig-verlockende Kombi aus Heimatbekenntnis und Fashion-Begeisterung.

➤ S. 23, Verstehen

POSTKARTENIDYLLE

Das wohl schönste des an malerischen Fachwerkstädtchen reichen Schwarzwalds heißt *Schiltach*. Im Kinzigtal schlängeln sich verwinkelte Gässchen den Hang hoch, flankiert von teils prachtvoll verzierten, sich eng aneinander schmiegenden Häusern (Foto).

➤ S. 78, Mittlerer Schwarzwald

DER KUCKUCK ZIEHT WEITER

In der Schonacher Kuckucksuhrenmanufaktur *Rombach & Haas* siehst du, wie an der Evolution des regionalen Verkaufsschlagers gearbeitet wird. So logiert der Piepmatz mittlerweile auch im Bauhaus-Stil, ein Original bleibt's dennoch.

➤ S. 83, Mittlerer Schwarzwald

SO TICKT
DER
SCHWARZ
WALD

... mal traditionell, mal exzentrisch, aber immer made in Black Forest

ENTDECKE DEN SCHWARZWALD

Erster! Ein Teil des Nordschwarzwalds ist Baden-Württembergs Nationalparkpionier

Alpine Gipfel im Süden, Schluchten und verwinkelte Täler in der Mitte, anmutige Hügelkämme im Norden: Das ist der Schwarzwald. Wo eine ganzjährige Sportbegeisterung herrscht, man sich mit Herz und Verstand durch wahre Genusslandschaften futtert und dafür sorgt, dass Land und Leute sich auch zukünftig noch in die Augen schauen können.

STOLZ, WACHSAM & SEHR BELIEBT

Wie eine Burg, ein Brocken ganz aus Granit und Buntsandstein, bewacht das Schwarzwaldgebirge den südwestlichsten Winkel des Landes. Es zwingt den jungen Rhein zu einem umständlichen Bogen bis Basel und ins Elsass hinein, ragt stolz und steil aus der sonnenüberfluteten Rheinebene auf und verläuft sich schließlich im Osten in sanften Wellen in Richtung Schwabenland. Diese prachtvolle Landschaft, eine ausgesprochen gute Luft und eine wunderbare Küche attraktivieren die Region unentwegt. Weshalb der Schwarzwald wenn nicht das

Um 600 v. Chr.
Keltische Siedlungen im Breisgau und in der Vorbergzone; die Besiedlung des Schwarzwalds beginnt

15 v.–300 n. Chr.
Aus römischen Militärlagern, Thermalbädern und Gutshöfen werden Kurorte wie Baden-Baden, Badenweiler und Heitersheim

643
Die Benediktiner errichten Klöster im Schwarzwald

um 1100
Städte wie Freiburg, Villingen und Offenburg entstehen

1457
Gründung der Universität im damals österreichischen Freiburg

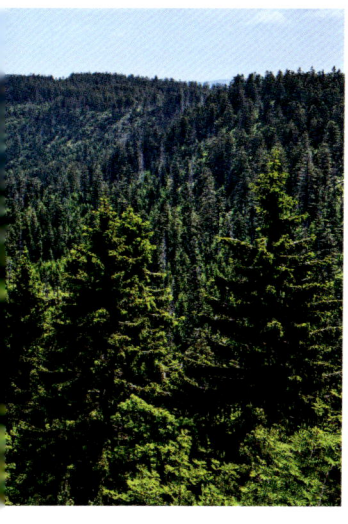

berühmteste, so doch das meistbesuchte Mittelgebirge Deutschlands ist.

DIE BLACK-FOREST-BIG-FIVE

Dort wächst gerade eine selbst- und naturbewusste Generation nach, die stolz ist auf ihre Heimat – und auf ihre Sprache. Dir begegnen junge Frauen auf dem Longboard mit T-Shirts, auf denen „Schwarzwaldmädel" oder „Guzzischnitte" steht. Letzteres bedeutet aus dem Alemannischen übersetzt Marmeladenbrot, bezeichnet im übertragenen Sinne aber auch allerlei andere Verlockungen. Dieses Selbstbewusstsein hatten die Schwarzwälder nicht immer: „Der Schwarzwald war vor allen Dingen immer das, was man in ihm sehen wollte", schreibt der Schriftsteller Jens Schäfer in seiner „Gebrauchsanweisung" für die Region (Piper-Verlag). Die „Black-Forest-Big-Five" lauteten in den vergangenen Jahrzehnten daher stets Kuckucksuhr, Bollenhut, Schinken, Kirschtorte und -wasser. Doch mittlerweile schämt man sich nicht mehr für dieses Heimatfilmimage, sondern sagt vielmehr: Verdammt, hier ist es doch echt schön! Die Kirschtorte schmeckt prima, das Wässerle eh, kochen können wir granatenmäßig und jeden Abend ist es beim Wetterbericht auf der Deutschlandkarte nirgendwo so warm wie links unten. Selbst der allgegenwärtige Kuckuck zieht zuweilen um: Puristische Formen in knalligen Farben hängen an der Wand neben dem altbewährten Piepmatzdomizil. Originale sind es dennoch, das Geschäft mit der modernen Tradition läuft prächtig. Es scheint, als gelinge es dem Schwarzwald gerade, seine Klischees in Stärken zu verwandeln. Natürlich auch mit sprachlichem Input – „Black Forest" labelt fast so gut wie der altehrwürdige schwarze Wald.

1806 Baden wird unter Napoleon Großherzogtum, Säkularisierung der Klöster

1848/49 Badische Revolution

ab 1860 Systematische Erschließung des Schwarzwalds mit Eisenbahnstrecken

1945 Südbaden und Schwarzwald sind franz. Besatzungszone

2014 Im Nordschwarzwald entsteht Baden-Württembergs erster Nationalpark

2020/21 Freiburg feiert 900. Geburtstag

VOM SCHWARZEN FLECK ZUM SCHWARZEN WALD

Über rund 160 km Länge erstreckt sich die Region. Richtung Rheinebene wird der Wald durchbrochen von aufsässigen kleinen Flüssen und ihren malerischen, teils wildromantischen Tälern. Erdgeschichtlich gesehen ist der Schwarzwald das Ergebnis eines tektonischen Rülpsers, im Tertiär emporgehoben und in der Eiszeit z. T. wieder abgeschmirgelt und gerundet. Von West nach Ost erreicht er im Süden eine Breite von fast 60 km, im Norden verjüngt er sich zu einer schmalen Gebirgszunge von gerade noch 20 km Breite. Rund 60 Prozent des Schwarzwalds sind bewaldet, vorwiegend mit der typischen Fichte. Fälschlicherweise wird diesem Baum wegen seiner finsteren Miene die Patenschaft für den Namen vom schwarzen Wald zugeschrieben. Doch als die Römer, auf die diese Bezeichnung zurückgeht, im 1. Jh. n. Chr. erstmals an den südlichen Ausläufern des Gebirges auftauchten, fanden sie vorwiegend Buchen-, Eichen- und Kastanienwälder vor und nur auf den Höhen Tannen und Fichten. Dass sie trotzdem vom schwarzen Wald sprachen, liegt daran, dass sie von dem Gebirge keinerlei Ahnung hatten – und es kurzerhand als schwarzen Fleck auf ihren Karten verzeichneten. Sie haben auch nie einen ernsthaften Besiedlungsversuch gestartet, dafür aber die Thermalquellen im Rheintal entdeckt und den Weinbau hinterlassen, wofür man ihnen nicht genug danken kann.

GESUND LEBEN, GESUND WIRTSCHAFTEN

Heute heißen die großen Themen in der Landwirtschaft regionale Vermarktung, naturnahe Produktion von Lebensmitteln, Nutzung regenerativer Energien, Landschaftsschutz, artgerechte Tierhaltung. Wochenmärkte mit geradezu mediterranem Charakter, gut sortierte Bauernläden mit Produkten aus der Region, Höfe mit Sonnenkollektoren auf den Hausdächern, von Landwirten betriebene Windräder auf den Höhen und immer mehr kleine, dezentrale Wasserkraftwerke an allen Schwarzwaldbächen zeugen von einer Region, die sich modern, innovativ und doch traditionsbewusst der Zukunft zugewandt hat. Auch jugendliche Trendsportarten wie Drachenfliegen, Stand-Up-Paddling und Klettern haben Einzug gehalten. Längst gilt der Schwarzwald europaweit als Eldorado für Mountainbiker. Für neuere Trends stehen weiterhin der Europa-Park in Rust, sportliche Großereignisse wie das Skispringen, Jazz- und Theaterfestivals sowie Open-Air-Konzerte.

HEIMATLUST MIT HINGABE

Großereignisse ganz anderer Art bietet die alemannische Fasnet – ein fröhlicher Ausnahmezustand, der auf viele historische Wurzeln zurückgeht und sich in skurrilen, bisweilen schaurigen, immer aber ausgelassenen Bräuchen äußert. Nicht nur in der Fasnetzeit werden die Schwarzwälder ihren Gästen etwas eigenwillig erscheinen. Vordergründig wirken sie manchmal verstockt und eigenbrötlerisch. Hinter dieser Schutzmaske verbirgt sich aber ein lebenslustiger, menschenfreundlicher und neugieriger Menschenschlag, der gern feiert, gern bei Tisch zulangt und voller Hingabe an seiner Heimat hängt.

AUF EINEN BLICK

220 KM

misst die Strecke von Pforzheim im Nord- bis nach Schopfheim im Südschwarzwald

1,5 L SAHNE

braucht man für eine Schwarzwälder Kirschtorte

180 Mio.

Euro ließ sich der Europa-Park seine neue Wasserwelt Rulantica kosten

Kreuzfahrtschiff Aida Nova: 800 Mio.

10.062 ha

beträgt die Fläche des Nationalparks Schwarzwald

Das macht Platz 12 unter den 16 deutschen Nationalparks

HÖCHSTER BERG: FELDBERG
1.493M

Zugspitze: 2.962 m

102

Tausender erheben sich im Schwarzwald insgesamt

Durchschnittlich
8°C

kühler ist es im Sommer auf dem Feldberg als im Rheintal

15.000 BRENNER VERZEICHNET DER VERBAND BADISCHER KLEIN- UND OBSTBRENNER. SCHWARZWALDWEIT GIBT ES ZEHN MINERALBRUNNEN.

67,10 M

misst die Douglasie „Waldtraut vom Mühlwald" im Freiburger Stadtwald – der höchste bekannte Baum Deutschlands.

BERÜHMTESTE PERSON
Joachim Löw (Ex-Fußballbundestrainer)

116 M HOCH IST DER FREIBURGER MÜNSTERTURM
Ulmer Münster: 161,5 m

DEN SCHWARZ WALD VERSTEHEN

GSCHWÄTZ

Je tiefer du regional in den Süden vordringst, desto weniger wirst du die Eingeborenen verstehen. Weil sie alemannisch „schwätze". In der Regel ist das ein Idiom, das man nicht lernt, sondern irgendwie schon pränatal rübergenabelt bekommt. Jeder spätere Lernversuch ist zum Scheitern verurteilt. Die original Alemannen waren ein kleiner westgermanischer Stamm, der ab dem 2. Jh. nach Christus den deutschen Südwesten sowie Teile von Elsass und Schweiz besiedelte. Die moderne Mundart wird liebevoll vom Verein der „Muettersprochgesellschaft" *(alemannisch.de)* gepflegt. Wer tiefer in die linguistische Materie eintauchen möchte, legt sich das „Alemannische Wörterbuch" (C. Braun Buchverlag 2010) von Rudolf Post und Friedel Scheer-Nahor zu.

KLARTEXT BOLLENHUT

Das wird dir schon aufgefallen sein: Nichts steht in der Welt so sinnbildlich für den Schwarzwald wie der Bollenhut. Dabei handelt es sich gar nicht um die eine Schwarzwälder Tracht, so eine gibt es gar nicht, wie z. B. das Trachtenmuseum in Haslach vielfältig beweist. Ursprünglich stammt der Strohhut mit den Bollen obendrauf aus zwei kleinen Seitentälern der Kinzig, dem Gutachtal und dem Kirnbachtal, wo er heute noch von den Frauen im Heimat- und Trachtenverein „Kirnbacher Kurrende" *(bollenhut. de)* stolz ausgeführt wird. Schwarze Bollen auf dem Hut signalisieren: Diese Dame ist verheiratet! Rote Bollen bedeuten: unverheiratet. Echte Bollenhüte – komplett mit Tracht für 2000 Euro – werden in den genannten Tälern noch in Handarbeit gefertigt, aber nur an Einheimische verkauft. Andernorts hat der Bollenhut also nichts verloren! Eigentlich. Aber was soll man machen, wenn so ein Fashiontrend global ins Bollen kommt!

FASNACHTSFIEBER

Das wichtigste Fest im Schwarzwald beginnt am *schmutzigen Dunschdig* mit einer Art Lynchjustiz. Der Bürgermeister muss den symbolischen Rathausschlüssel abliefern, und maskierte Gestalten in bunten Kostümen richten unter ohrenbetäubender Blasmusik vor dem örtlichen Rathaus einen großen geschälten Baum auf, den Narrenbaum. Bis Aschermittwoch herrscht dann Ausnahmezustand, ein Hexen- und Schelmentreiben mit von Ort zu Ort unterschiedlichen Traditionen. Die Brauchtumsfasnet wird von Vereinen gepflegt, die sich Zünfte nennen. Hexen- und Teufelszünfte sind in der Überzahl, beliebt ist aber auch der lustige, spitzbübische Narr. Bei den Umzügen mit oft Tausenden von Maskenträgern sollten junge Mädchen am Straßenrand vor Verschleppungen auf der Hut sein, denn

Narrenfreiheit am Freiburger Rosenmontag für Hexen & Co.: Weiß ja keiner, wer drin steckt

Käfige, Riesenkochtöpfe, hölzerne Pranger, leere Weinfässer und andere Foltergerätschaften werden nur zu diesem Zweck mitgeführt und wenig zimperlich genutzt. Die alemannische Fasnet geht auf jahrhundertealte Bräuche zurück, mit denen der Winter vertrieben und die Obrigkeit verspottet wird.

BLACKFORESTMANIA

Der Schwarzwald ist jung, cool und hat was zu erzählen! Und weil die Menschen wollen, dass man sie gleich in der ganzen Welt versteht, wird nicht mehr mit *Schwarzwald*, sondern gleich mit *Black Forest* gelabelt. Früher war das ein bisschen peinlich, weil da nur Black Forest Cuckoo Clocks entsprechend beworben wurden, und das klang so schräg, wie es sich liest.

Das arme Vögelchen! Glücklicherweise ist nun auch der Schwarzwald in der großen weiten Welt angekommen und freut sich zum Beispiel über Black Forest still (Wasser), Black Forest Jerky (Trockenfleischsnacks), Black Forest Ski, Black Forest Bacon Jam (Brotaufstrich) oder Black Forest Coffee. Das hat nichts mit Sprachverweigerung zu tun, sondern mit zeitgemäßem Marketing. Außerdem sind sich viele Sprachwissenschaftler darin einig, dass so ein kleiner Anglizismus hier und dort das ganze Gemurmel durchaus erfrischt.

VOLLÖKOS

Mit ein bisschen Stolz können die Schwarzwälder behaupten, schon längst „grün" gewesen zu sein, bevor im Land ein Grüner zum Ministerprä-

Ein Affe im Schwarzwald? Tolle Story, am am besten bei einem Monkey-47-Gin lesen

Wert auf ökologisch nachhaltiges Bauen gelegt. Dort rühmt man sich, mit dem „Sonnenschiff", in dem u. a. das Öko-Institut (oeko.de) residiert, das „weltweit erste solare Dienstleistungszentrum in Plusenergie-Bauweise" zu haben. Und nirgendwo in Deutschland wird nachweislich so grün gewählt wie in der Breisgau-Metropole.

WELTBESTES BIER

... kommt – vorausgesetzt, man glaubt den internationalen Auszeichnungen – aus dem Südschwarzwald: Waldhaus (waldhaus-bier.com) heißt die Brauerei im gleichnamigen Ort südlich von Sankt Blasien, die sich so bodenständig wie experimentierfreudig präsentiert. Zum Sortiment gehören ein Pilsener, verschiedene Weizen, ein Helles, ein Alkoholfreies, ein Naturtrübes sowie viele saisonale Spezialitäten. Du bekommst es überall in der Region. Das definitiv kultigste Bier der Region stammt aus der Staatsbrauerei Rothaus ebenfalls im Südschwarzwald, man erkennt es an der blonden Birgit auf dem Etikett. Weil sie es ist, die das „Bier gitt" (gibt). Die 0,33-Liter-Flasche heißt „Tannenzäpfle" und beinhaltet viel mehr als nur ein Getränk: nämlich herzhaften Regionalstolz. An der Quelle lässt es sich hier testen: Brauereigasthof Rothaus (Grafenhausen | Tel. 07748 5 22 96 00 | brauereigasthof-rothaus.de | €–€€). Darüber hinaus wird natürlich auch im Schwarzwald kein Trend verschlafen, schon gar nicht wenn's ums Genießen geht. Entsprechend schwappte auch die Craft-Beer-Begeisterung ins Badische. Die handwerklich hergestellten Biere

sidenten gewählt worden war. Durch ihre Lage in dünn besiedelten Tälern waren die Schwarzwälder seit jeher gezwungen, sich in vielerlei Hinsicht selbst zu versorgen: Energie lieferte das Mühlrad im Bach, die Lebensmittel kamen aus eigenem Anbau oder vom Nachbarn. In jedem Fall aber schon immer aus der Region. Inzwischen ist viel passiert ringsum den Schwarzwald, sodass die Selbstversorgung mit Energie und Lebensmitteln aus regionaler Zucht und regionalem Anbau voll im Trend liegen. Darüber hinaus zählt z. B. Freiburg zu den „grünsten" Städten Deutschlands. Die Solarindustrie zahlt der Stadt reichlich Gewerbesteuer, man fährt viel Rad, bevorzugt Biokost vom Wochenmarkt und in Vierteln wie dem Vauban wird

vornehmlich kleinerer Erzeuger schlürfst du z. B. in Renchen, wo die *Brauerei Ulmer (ulmer-bier.de)* ein Vollmondbier kredenzt. Leckere Lässigkeit aus der Flasche hat auch das *Braukollektiv (braukollektiv.com)* in Freiburg zu bieten.

HEIMATLIEBE

Heimat ist im Schwarzwald mittlerweile ein sehr moderner Begriff. Vorbei sind die Zeiten, als Heimatfilme und Operetten wie das „Schwarzwaldmädel" den Takt angaben, wenn es um Regionalpatriotismus ging. Ihre Heimat wissen die Schwarzwälder zu lieben, und so überführen sie Tradition und Geschichte in die Gegenwart. Wie der Baiersbronner Hotelier Hermann Bareiss, der nicht nur einen alten Bauernhof (s. S. 52) kaufte und ihn nach allen Künsten des Denkmalschutzes restaurierte, sondern sich auch für den Erhalt der bedrohten *Hinterwälder Rinder* einsetzte, was ihm den Beinamen Rinderbaron einbrachte. Oder die *Black Forest Distillers,* die nahe Freudenstadt den Schwarzwald-Gin reanimierten – nach sehr alter Rezeptur *(monkey47.com).* Und wohl noch nie sahen Frauen und Männer in Schwarzwaldtracht so cool aus wie in den ⚑ *Facing Tradition*-Inszenierungen des Fotografen *Sebastian Wehrle (sebastian-wehrle.de)* aus Freiamt. Eher differenziert setzt sich der Offenburger Künstler *Stefan Strumbel (stefanstrumbel.com)* mit seiner Heimat auseinander. Bei ihm treffen Kuckucksuhr und Pop-Art aufeinander, Kunstwerke wie ein vermummtes Schwarzwaldmädel mit Bollenhut, Pa-

KLISCHEE KISTE

IMMER NUR SONNE

Südbadener werden bundesweit beneidet. Wegen des angeblich so schönen Wetters, das hier herrscht. Links unten auf der Wetterkarte glänzen meistens auch die Streber unter den Temperaturen. Doch wehe, es wird doch mal nass! Dann schüttet's richtig. Weswegen Freiburg im Jahresdurchschnitt auf einen höheren Niederschlagswert als London kommt. Nur machen die bundesweiten Topwerte bei den Sonnenstunden, auf die man sich in Südbaden ebenfalls verlassen kann, die satten Duschen wieder wett.

GESCHWISTERLIEBE

Die meisten Deutschen halten alle Baden-Württemberger für Schwaben. Ein Irrtum, der an Böswilligkeit grenzt! Denn die Badener sind gezwungen, sich ein Bundesland mit den Württembergern zu teilen wie zwei grundverschiedene Geschwister ein Kinderzimmer. Wer mag da schon in Sippenhaft genommen werden. Auch von Heimeligkeit keine Spur: „Über Baden lacht die Sonne, über Schwaben die ganze Welt", lautet nur eine von etlichen Nettigkeiten, mit denen man sich liebkost. Macht euch also unbeliebt, indem ihr die Badener zum Beispiel als „Badenser" verunglimpft. Ihr glaubt, die Zeit der regionalen Rivalitäten sei vorüber? Puschtekuchen.

Die alte Liebe des Schwarzwälders zu Brettern und Pisten – bis heute ungebrochen

lästinensertuch und Gewehr im Anschlag haben ihn weltberühmt gemacht. Genial trachtig inspirierte Mode mit viel Regionalbezug maßschneidert in Freiburg schließlich *Schwarzwald-Couture* (*schwarzwaldcouture.de*).

INSIDER-TIPP
Heimatstyle in Handarbeit

ORIGINALVOGEL

Die Uhren mit dem Piepmatz hinter der Tür haben die Schwarzwälder nicht erfunden. Die gab's früher schon in Sachsen oder Italien. In der Region hörte man den Ruf zur vollen Stunde erstmals vor gut 250 Jahren. Ein Jahrhundert später bekam er die klassische Form des Bahnwärterhäuschens. Damit hatte der Architekt Friedrich Eisenlohr einen Wettbewerb der Badischen Uhrmacherschule in Furtwangen gewon-

nen. Die Vorderseite wurde nicht bemalt, sondern geschnitzt. Mittlerweile sind auch Uhren mit elektronisch erzeugtem Zwitschern (aufgepeppt durch das Rauschen eines Bachs) im Angebot. Viele dieser Modelle stammen aus Fernost und sind Touristennepp. Eine Original-Kuckucksuhr wird im Schwarzwald gefertigt und funktioniert rein mechanisch. Ob es sich um ein Original handelt, erkennst du am VdS-Siegel, das der *Verein die Schwarzwalduhr* vergibt *(v-ds.org)*.

BAUERNPALÄSTE

Nichts erscheint so typisch für den Schwarzwald wie das Schwarzwaldhaus. Ganz von der Natur der Region bestimmt, in Form und Baustoff, in innerer Gliederung und seiner Stellung in der Landschaft – ist es ein Gesamtkunstwerk. Komplett aus Holz trotzt es mit seinem mächtigen, 45 bis 50 Grad geneigten Dach Wind, Regen und Schnee. Mensch, Tier und Vorräte sind unter diesem Dach geborgen. Zur Sonnenseite hin wohnt die Familie, Wand an Wand zum Kuhstall, der früher willkommener Wärmespeicher im Winter war. Damals war das Schwarzwaldhaus stroh- und schindelgedeckt, heute hat sich manche Sünde eingeschlichen. Auf den Giebelseiten zeigt das Dach eine abgeflachte Stirn, den Krüppelwalm (weil er an dieser Stelle nicht bis ganz runter reicht und ein bisschen verkrüppelt ist), auf der Wetterseite reicht es bis fast hinunter zum Erdboden. Überall im Schwarzwald kannst du die uralten Höfe entdecken, denn das Angebot für Ferien auf einem Bauernhof (s. S. 134) ist groß.

SO TICKT DER SCHWARZWALD

HEILIGS BRETTLE

Die Einheimischen sind verrückt nach ihren *Brettle*, die Liebe zum Wintersport wird ihnen quasi in die Wiege gelegt. Diese Leidenschaft – sie offenbart sich im nordischen und alpinen Skigenuss gleichermaßen – ergreift die Einheimischen, seit sie das erste Mal mit den „norwegischen Schneeschuhen" (so nannte man sie zu Beginn) konfrontiert wurden. 1891 kreuzte ein gewisser Dr. Pilet auf eben solchen Brettern plötzlich auf dem Feldberg auf – man hat es ihm gedankt, indem man dort oben ein Sträßchen nach ihm benannte. Einerseits erleichterten die Skier den Einheimischen fortan den Alltag: Postboten, Schulkinder, Kirchgänger – alle kamen im Winter plötzlich viel flinker durch die Bergwelt. Andererseits beflügelten die *Brettle* den Wintertourismus, besonders im Hochschwarzwald um den Feldberg, der 1887 bereits durch die Höllentalbahn attraktiviert worden war.

Die Zahlen zur frühen Skibegeisterung: In Todtnau wird 1891 der erste Skiclub Deutschlands gegründet, 1892 beginnt der Bernauer Ernst Köpfer als einer der europaweit Ersten mit der Serienproduktion von Holzskiern, 1908 nimmt Robert Winterhalder in Schollach bei Eisenbach den ersten Skilift der Welt in Betrieb. Später stellte die Region gar Olympiasieger, die ganze Begeisterung vermittelt lebhaft das *Schwarzwälder Skimuseum* (s. S. 117) in Hinterzarten. Wie die Einheimischen schließlich dem Klimawandel begegnen: mit Schneekanonen und einem umso leidenschaftlicheren Sportgenuss in der Gegenwart: Carpe Skier!

IM FELDBERG IST DER WURM DRIN

Tatsächlich gibt es eine Kreatur auf der Welt, die ausschließlich im Hochschwarzwald – genaugenommen im Feldberggebiet – lebt: der *Lumbricus badensis*. Nein, ein Pfau ist das nicht gerade, ein Flamingo auch nicht. Es handelt sich um einen Riesenregenwurm, von dem man nicht genau weiß, warum er am Ende eigentlich so riesig geworden ist. Auf bis zu 60 cm kann sich der Prachtkerl strecken, fast 2 cm dick ist er außerdem. Und solange ihn nicht irgendein Mountainbiker auf dem Feldweg entzweiend überrollt, wird der Wurm bis zu 20 Jahre alt. Währenddessen rühmen Experten ihn wegen seiner großen Verdienste um die Waldbodenpflege. Den Frost auf den Höhen übersteht er, indem er seine sogenannten Wohnröhren metertief unter der Erde anlegt. Trotz seiner spärlichen optischen und haptischen Reize hat das Kellerkind die Kunst inspiriert: *Wilma – Schwarzwaldwurm (Land-Sehen-Verlag 2017 | 17,90 Euro | wilma-schwarzwaldwurm.de)* heißt das illustrierte und gereimte Kinderbuch der Freiburgerin Ulrike Walter, in dem die tierische Hauptdarstellerin allerlei Abenteuer natürlich im Schwarzwald erlebt.

ESSEN
SHOPPEN
SPORT

Schluc

Hier geht's lang – zu insgesamt 24 000 Wanderwegkilometern in der Region

ESSEN & TRINKEN

Zwischen Rösti-Schweizern im Süden, schwäbischen Maultaschenhelden im Osten und elsässischen Gourmets im Westen, haben sich der Schwarzwald und das Rheintal im Lauf der Zeit zur kulinarischen Oase des Südwestens entwickelt. Das Küchengesetz aller, die es hier kulinarisch ernst meinen: regionale Produkte.

IMMER DEN SCHILDERN NACH

Freilich gibt es auch hier noch ideenlose Tellerknechte, die sich damit begnügen, geschmacksneutrale Großmarktware aufzumotzen, und einen überladenen Teller schon als Ausweis besonderer Kochkunst ansehen. Mach einen Bogen um die siebenseitige Vom-Schwein-, Vom-Rind-, Vom-Kalb-Karte, und du hast schon viel Unheil vermieden. Oft hilft auch der Wirtshausname, um das kulinarische Inkognito zu lüften: Zum Ochsen, Zum Engel, Zum Löwen, Zum Adler, Zum Wilden Mann – das sind Häuser, die meist Jahrhunderte auf dem Buckel haben und die von einheimischen Gästen leben. Die gutbürgerliche Küche des Schwarzwalds ist leicht fleisch- und kartoffellastig, solide und saisonal variantenreich abgewandelt – probier unbedingt Wild-, Lamm- und Fischspezialitäten. Dass so gerne Schnitzel geklopft, paniert und vertilgt werden, hat auch mit der langen österreichischen Geschichte einiger südlicher Schwarzwaldecken zu tun. Mittlerweile bestens integrierte Genussmigranten aus dem schwäbischen Landesteil sind Spätzle und Maultaschen.

SPEZIALISTEN FÜR REGIONALES

Die Zutatenlisten füllen bevorzugt regionale Produkte. Um genau solche macht sich die Köche- und Gastgebervereinigung der Naturparkwirte verdient. Sie investieren in hochwertige

Kein perfektes Mahl ohne Dessertabschluss (li.) und den passenden Traubenbegleiter (re.)

Produkte aus der Gegend und tragen damit zum Erhalt regionaler Kulturlandschaften bei. Achte auf das Logo der Naturparkwirte, deren Verbund es zum einen im nördlichen und mittleren *(naturparkschwarzwald.de/regional/naturpark-wirte),* zum anderen im Südschwarzwald gibt *(naturpark-sued schwarzwald.de/essen-trinken/naturpark-wirte).* Es steht verlässlich für hohe Kochkunst und verantwortungsbewussten Wareneinsatz. *Farm to table* war hier schon Praxis, als es diese Bezeichnung noch gar nicht gab.

SUPPE MUSS SEIN!
Typisch für den Schwarzwald ist die Suppenliebe. Selbst Äpfel, Holunder und Petersilienwurzeln haben es zu Suppenwürde gebracht. Bevorzugt werden vielfach variierte Hühner- und Rinderkraftbrühen mit *Flädle,* das sind Pfannkuchenstreifen, Nudeln oder anderen Teigwaren veredelt.

Auch die Gemüsesuppen sind köstlich: aus Kartoffeln, Spargel, Rüben, Lauch, Erbsen, Tomaten. Wer bei Tagesmenüs die Suppe links liegen lässt, verpasst den schmackhaften Einstieg ins Thema.

DEN GANZEN TAG VESPERN
Den Schwarzwald erkennst du auch am allgegenwärtigen Vesper. Das sich übrigens nur sehr schwer unbadisch aussprechen lässt, wo alle nur vom Veschper reden. Und hier wird immer irgendwie geveschpert: früh am Morgen, nachmittags, am späten Abend. Von der Bauernwirtschaft bis zum Gourmetrestaurant, viele Wirte händigen dir als Konkurrenz zur Speisekarte die eigenständige Vesperkarte aus. Die Köche beweisen ihre hohe Kunst bei badischen und elsässischen Wurstsalatvariationen, dazu gern *Brägele* (Bratkartoffeln). Auch der Käse, der auf den Schwarzwälder „Almen"

Wie das Land, so das Bier: Tannenzäpfle

reift, kann locker mithalten. Etwa die Naturpark-Käseroute *(naturpark-sued schwarzwald.de/de/freizeit-sport/kae serouten.php)* führt zu knapp 20 Höfen im Südschwarzwald, wo die Käserei – vom Bibeleskäs bis zum Bergkäse – noch eine Herzensangelegenheit ist. Das Flaggschiff der Vesperkarten ist und bleibt jedoch das Speckvesper. Es besteht aus Schwarzwälder Bauernbrot – bekannt für seine knusprige Kruste und den herzhaften Teig –, Bauch- und Schinkenspeck, Leber- und Schwarzwurst sowie rohen Zwiebeln.

STRAUSSENAPP & BESENWIRTE

Günstigere Angebote liefern die Straußenwirtschaften. Das sind nur zeitweise geöffnete Wirtschaften, von Landwirten oder Winzern betrieben, um die eigenen Produkte zu verkaufen. Früher hingen Besen oder Blumensträuße am Haus, die anzeigten, dass die Wirtschaft geöffnet ist. Daher der Begriff „Straußen-" oder „Besenwirtschaft". Ein Verzeichnis der wichtigsten liegt an allen Tankstellen im Schwarzwald aus, es gibt auch eine App *(BZ Straußenführer für Freiburg, den Schwarzwald und Südbaden)*.

KLOSTERBIERE & SOLOWEINE

Die alte Brautradition meist klösterlicher Ursprünge hat dem Schwarzwald kräftige, geschmackvolle Biere aus Alpirsbach, Rothaus und Fürstenberg beschert. Daneben haben viele kleine Familienbrauereien überlebt.
Der Schwarzwald ist im eigentlichen Sinne keine Weingegend, angebaut wird nur in den Tälern der Vorbergzone und im Rheintal. Er ist aber wegen seiner Lage am Oberrhein trotzdem ein Weinparadies – der Rebensaft schwappt gewissermaßen rauf in den Wald. Die badischen Kabinettweine sind ideale Begleiter zu nahezu allen Speisen, sie gehören zu den leichtesten der Welt. Etwas runder ist der weiße Gutedel aus dem Markgräflerland, ein freundlicher Tischwein, aber auch Solist an warmen Sommerabenden. Gehaltvoller gibt sich der Weißburgunder vom Kaiserstuhl. Die spritzigen Rieslinge aus Durbach und Oberkirch sind gute Gefährten zu allen Anlässen. Der rote Ortenauer Spätburgunder passt zu Wildgerichten. Kultcharakter genießt der Grauburgunder vom Kaiserstuhl.

ZUM SCHLUSS EIN SCHNÄPSLE

Die Verdauung befördern angeblich Obstler (aus Birnen und Äpfeln) und Hefeschnaps; sie zählen zu den nicht ganz so edlen Wässerchen. Im Gegensatz zu Kirsch- und Zwetschgenwasser, die eher am Feiertag gekippt werden.

Unsere Empfehlung heute

Vorspeisen

FELDSALAT MIT KRACHERLE (CROUTONS)

WINZERPASTETE
aus Kalbfleisch und Apfelschnaps

SPARGELSÜPPCHEN

GEBACKENER ZIEGENKÄSE

Vesper

BADISCHES DREIERLEI
Wurstsalat, Bibeleskäs (angemachter Quark) und Brägele (Bratkartoffeln)

BRETTLE MIT SCHWARZWÄLDER SCHINKEN UND KÄSE

GERÄUCHERTES FORELLENFILET
dazu Feldsalat

FLAMMKUCHEN
mit Schwarzwälder Schinken und Zwiebeln

Hauptgerichte

BADISCHES SCHÄUFELE
gepökelte und gekochte Schweineschulter mit Kartoffelsalat

SAURE LEBERLE MIT BRÄGELE
Kalbsleber im Weißwein-Essig-Sud mit Bratkartoffeln

REHRÜCKEN
mit Rotweinsößchen und Pfifferlingen

BADISCHER SAUERBRATEN
in Rotwein eingelegter Rinderbraten, geschmort

SPARGEL UND SCHINKEN
mit Kratzede (zerrupften Eierpfannkuchen)

KÄSESPÄTZLE MIT GESCHMELZTEN ZWIEBELN

Desserts & Süßes

SCHWARZWÄLDER KIRSCHTORTE

SCHWARZWALDBECHER
Eisbecher mit Sauerkirschen, Kirschwasser, Sahne und Schokoraspeln

KIRSCHPLOTZER
traditioneller Rührteigkuchen mit frischen Früchten

SHOPPEN & STÖBERN

ZEITEISEN FÜRS HANDGELENK

Die Uhrmacherkunst ist im Schwarzwald nach wie vor sehr lebendig. Gleich mehrere Manufakturen widmen sich der handwerklichen Fertigung von Armbanduhren, ein kleines Zentrum dieser Kunst bildet Pforzheim: Dort und in der näheren Umgebung haben *Laco (laco.de), Benzinger (jochenbenzinger.de)* und *Stowa (stowa.de)* ihre Werkstätten. Im Elztal sitzen die Uhrmacher von *Hanhart (hanhart.com),* noch etwas weiter südlich in Efringen-Kirchen ist die *Borgward Zeitmanufaktur (borgward.ag)* zu Hause.

SHOP DEN SPECK

Für die heimischen Spezialitäten empfiehlt sich der Besuch von Wochenmärkten oder gleich der Einkauf an der Quelle, nämlich direkt auf dem Bauernhof. Viele Landwirte haben den Hofverkauf als zusätzliche Einnahmequelle entdeckt und bieten Selbstgemachtes: Speck, Schinken, Würste, Eier, Butter, Bauernbrot, Marmeladen, Milch und Honig. Eigene *Naturpark-Märkte (naturparkschwarzwald. de/regional/naturpark-maerkte)* bündeln das regionale Angebot wie ein kulinarischer Wanderzirkus.

BUMMELN GEHEN

Über das rein Touristische hinaus ist der Schwarzwald nicht unbedingt für einen echten Shoppingurlaub geeignet – abgesehen von einigen Städten. Eine schöne Einkaufs- und Bummelstadt ist Freiburg mit der Fußgängerzone in der historischen Altstadt. Eine eigene *Outlet-City (outletcityweil. com)* hat Weil am Rhein. Auch Emmendingen und Offenburg haben attraktive Fußgängerzonen. Nirgendwo machte es jedoch so viel Spaß wie in Baden-Baden, wo in den Edelboutiquen und bei den Juwelieren die Kreditkarten glühen.

Mini-Bollenhüte (li.) für Souvenir-Traditionalisten. Schön shoppen in Freiburgs Altstadt (re.)

LEKTÜREN FÜR LIEBHABER

In der Region gibt's etliche inhabergeführte Buchhandlungen, in denen das Stöbern und Schmökern so richtig Spaß macht. Mit gemütlichen Sesseln für Leseproben und toller Beratung, häufig auch Autorenlesungen. Baden-Baden hat die *Buchhandlung Straß* am Jesuitenplatz und *Mäx und Moritz* in der Sophienstraße. In Haslach suchst du den kleinen Buchladen in der Hauptstraße auf, in Neustadt ist es nur schwer, den Buchladen in der Alten Post am Postplatz zu verfehlen. Ein Familienbetrieb mit Tradition ist in Hinterzarten *Baeuchle*, in Offenburg gibt's *Akzente und Roth*. In Freiburg lieben die Einheimischen die *Jos-Fritz-Buchhandlung* in der Wilhelmstraße und *Rombach* in der Bertoldstraße.

NEUER SP(I)RIT

Dass die Region ein Brennerparadies ist, beweisen Kirschwässerle und Zi-

bärtle. Inzwischen leisten die Destillateure auch ihren wacholdrigen Beitrag und machen zusätzlich in Gin. Entfacht hat den Hype der mittlerweile weltberühmte *Monkey 47* aus Loßburg bei Freudenstadt. Dazu gesellen sich hochwertige Kreationen wie der trüfflige *Boar* aus Bad Peterstal, der *Gun Gin* aus dem Eggener Tal, der *Needle* aus Achern, der *Black Forest* aus Oberkirch oder der *Iris* aus Gallenweiler bei Heitersheim. Stolz verweisen die Brennmeister darauf, dass sämtliche *Botanicals* aus der Heimat stammen. In jeder besseren Bar und in jedem Spezialitätenladen, der was auf sich hält, steht eine regionale Gin-Spezialität hinter dem Tresen. In Bad Peterstal haben die *Schwarzwald-Sprudler* dazu sogar ein leckeres Tonic Water entworfen (*schwarzwald-sprudel.de*).

INSIDER-TIPP
Der komplette Schwarzwald-mix

SPORT

Hochgelegen, bergig, waldig: Der Schwarzwald ist ein beliebtes Wintersport- und Wanderrevier. Die herrliche Landschaft lädt aber auch zum Klettern und Radfahren ein, die Thermik in den Bergregion begeistert zudem die Gleitschirmflieger. Dazu kommt immer mehr Wassersport.

ABENTEUERSPORT

Angebote zu Wildnis- und Abenteuertouren gibt es vor allem im Hochschwarzwald mit Disziplinen wie Klettern, Bogenschießen, Kanufahren, Wildnis- und Überlebenstraining; etwa bei *Zwerger & Raab (Freiburger Str. 31 | Hinterzarten | Tel. 07652 54 94 | zwerger-raab.de)*; *Adventure World/Murgtal Arena (Schwimmbadstr. 29 | Bad Herrenalb | Tel. 07083 9 22 03 53 | adventureworld.de/murgtalarena)*; *Wildsport Tours (Neuenburg | Tel. 07631 7 93 28 77 | wildsport-tours.de)*. Wissen zu Erster Hilfe in der Wildnis sowie z. B. zum Überleben im Freien vermitteln die Seminare der Freiburger *Outdoor-Schule (Tel. Mo/Di 0761 45 89 54 66 | outdoorschule-sued.de)*.

BOGENSCHIESSEN

Ein Bogensporthotel ist in Eisenbach das *Hotel Bad (32 Zi. | Tel. 07657 4 71 | bogensporthotel.de | €)*. Es gibt einen Feld- und Jagdbogenparcours, eine Bogensporthalle und ein Schießkino (70 und 90 m). In Donaueschingen verfügt der *Waldläufer (der-wald laeufer.com)* über eine weitläufige Schießbahn samt Pfeil- und Bogen-Shop. Einen Parcours im Südschwarzwald findest du am Rand von Sexau *(bogenparcours-sexau.de)*, ein *Shop (Di/Do 17–20 Uhr | bogen sport-adventure.com)* für die passende Ausrüstung liegt im benachbarten Denzlingen.

Landschaftlich schön, körperlich herausfordernd: Mountainbiketouren im Schwarzwald

GLEITSCHIRM FLIEGEN

Flüge im Nordschwarzwald startet *Sport Frey (Schnupperkurs 2 Tage 160 Euro | Murgtalstr. 157 | Baiersbronn | Tel. 07442 6468 | sport-frey. de)*. Im Süden steht die *Drachen- und Gleitschirmschule Skytec (Langackerweg 7 | Freiburg | Tel. 0761 8 85 39 30 | skytec.de)* für Lufthoheit, für Einsteiger z. B. beim Tandemflug mit einem Profi *(ab 130 Euro/Flug)*.

KLETTERN

Die anspruchsvollen Kletterfelsen am Westhang des Schwarzwalds unterliegen saisonalen Beschränkungen, die du bei der örtlichen Touristeninformation erfragst. Etwa 4 km vom Zentrum Baden-Badens entfernt liegt am Berg Battert der berühmte *Battertfelsen* mit 400 Kletterrouten; Kletterkurse und Infos über *Alpin Sport TS (Tel. 07221 7 28 31 | alpinsport-ts.de)*. Die größte Auswahl an offiziellen Kletterfelsen aller Schwierigkeitsgrade bieten die Landkreise Waldshut und Breisgau-Hochschwarzwald im Südschwarzwald. Weitere Felsen – auch im Mittleren und im Hochschwarzwald – wie z. B. den Räuberfelsen in Oberried, hat die Datenbank des Deutschen Alpenvereins im Angebot: *dav-felsinfo.de*. Bei der ☂ Kletterhallensuche quer durch den Schwarzwald hilft *alpenverein.de*. Sämtliche Kraxel-Optionen der Region präsentieren ferner die zwei *Schwarzwald-Rock*-Bände von Susanne und Stefan Wagenhals.

NORDIC WALKING

Über 60 Gemeinden im Schwarzwald werben mit Nordic Walking und bieten fürs flotte Gehen mit Stöcken Touren und Lehrgänge an. Infos unter *nordic-walking-infos.de* oder *Tel. 0761 89 64 60 | schwarzwald-tourismus.info*. Das üppige Nordic-Walking-Angebot des Deutschen Skiverbands in der Region (Strecken, Kurse etc.) gibt's unter *deutscherskiverband.de.*

RADELN

Schwarzwald-Tourismus (Tel. 0761 89 64 60 | schwarzwald-tourismus.info) hat gleich eine ganze Reihe an Broschüren für Tourenradler, Mountainbiker, Rennradler und E-Biker. Sie listen sämtliche Radfernwege auf, informieren über die Pauschalarrangements „Radwandern ohne Gepäck" und nennen Adressen fahrradfreundlicher Hotels und Pensionen. Mountainbikekurse und geführte Touren bieten z. B. *hirsch-sprung (hirsch-sprung.com)* in Breitnau oder *trail-factory.de* in Freiburg.

REITEN

Ein roter Pferdekopf auf gelbem Grund ist die Wegmarkierung des Badischen Reiterpfads, der von Rastatt durch den Schwarzwald bis nach Basel führt. Über Wanderreitstationen und Reiterhöfe in der Region informieren *wanderreiten-im-naturpark-suedschwarzwald.de, wanderreiten-nordschwarzwald.de* sowie *Schwarzwald-Tourismus (Tel. 0761 89 64 60 | schwarzwald-tourismus. info/erleben/adrenalin/reiten).*

FERNWANDERN

Im Schwarzwald sind insgesamt mehr als 24 000 km Wanderwege ausgeschildert. Jede Gemeinde pflegt ein eigenes Wegenetz. Überregional gibt der *Schwarzwaldverein (Schlossbergring 15 | 79098 Freiburg | Tel. 0761 38 05 30 | schwarzwaldverein.de)* Tourenempfehlungen samt digitaler Begleitung unter *wanderservice-schwarzwald.de.*

Wintermärchen: eine Langlauftour durch den weiß verschneiten Schwarzwald

Der bekannteste Wanderweg quer durch den Schwarzwald ist der Westweg von Pforzheim nach Basel, den man in mehreren Tagesetappen abwandern kann. Wer unterwegs nicht in Hotels übernachten will, ist gut versorgt mit den Wanderheimen des Touristenvereins *Naturfreunde (Tel. 030 29 77 32 60 | naturfreundehaeuser.de)*, muss sich aber vorher anmelden. Ein weiterer Fernweg trägt den Namen Albsteig *(albsteig.de)*, er schlängelt sich von Albbruck am Hochrhein über 83,3 km durch den Südschwarzwald und endet in Sankt Blasien.

Steigungsarm und landschaftsreich windet sich das Markgräfler *Wiiwegli (Details unter wanderservice-schwarzwald.de)* über insgesamt 92 km von Weil am Rhein nach Freiburg durchs Rebland am Rand des Rheintals. Anspruchsvoll: Der Querweg Freiburg–Bodensee, der über fast 177 km die Breisgaumetropole mit Konstanz verbindet und dabei u. a. durch die spektakuläre Wutachschlucht verläuft.

WASSERSPORT

Das schönste Segel-, Surf- und Paddelrevier der Schwarzwaldregion ist der *Schluchsee*. Dort kannst du sogar tauchen gehen. Kurse bietet die *Tauchbasis Schluchsee (aquaplus-wehr.de)*. Ein schönes Segelgewässer ist auch der *Nagoldstausee*. Infos: *Segelvereinigung Nordschwarzwald (Seestr. 62 | 72297 Seewald-Erzgrube | svnnagold. de)*. Wildwasserfahrten sind wegen des Naturschutzes meist nur zu bestimmten Zeiten erlaubt und nur für Fortgeschrittene ratsam. Ansprechpartner ist der *Kanu-Verband Baden-Württemberg (Tel. 07731 9 75 66 66 | kanu baden.de)*.

Regionale Stand-Up-Paddle-Reviere und -Strecken zeigt dir die Seite *supscout.de*. Die besten Boards weit und breit kaufst du in Eschbach zwischen Freiburg und Basel bei *Lite Venture (Gewerbepark Breisgau | Breisgauring 3 | Termine nach Vereinbarung | Tel. 07634 3 40 98 71 | lite venture.de)*. Kurse und Verleih zum Beispiel auf dem Altrhein bei Bad Bellingen bietet *blackforestmagic. de (Tel. 07664 6 13 77 00)*.

INSIDER-TIPP
Im Stehpaddelbrettparadies

WINTERSPORT

1891 wurde in Todtnau Deutschlands erster Skiclub gegründet. Seither ist die Feldbergregion (900–1500 m) das alpine Zentrum des Schwarzwalds, heute mit einer über 20 Liftanlagen umfassenden Skiarena, darunter anspruchsvolle schwarze Pisten wie die FIS-Strecke am Ahornbühl. In guten Wintern beginnt die Saison am Feldberg Ende November und endet im April. Eher familiäre alpine Angebote bietet im nördlichen Schwarzwald die Skiarena Schwarzwald-Hochstraße (700–1000 m). Nordisches Zentrum mit attraktiven Loipen ist im Mittelschwarzwald die Region um Triberg, Schonach, Schönwald und Sankt Georgen (900–1200 m). Ein herrlich-winterliches Naturerlebnis ermöglichen zudem Schneeschuhtouren, die überall in der Region möglich sind. Ski- und Schneetelefon: *Tel. 0761 89 64 60 | schwarzwald-tourismus.info*

DIE REGIONEN IM ÜBERBLICK

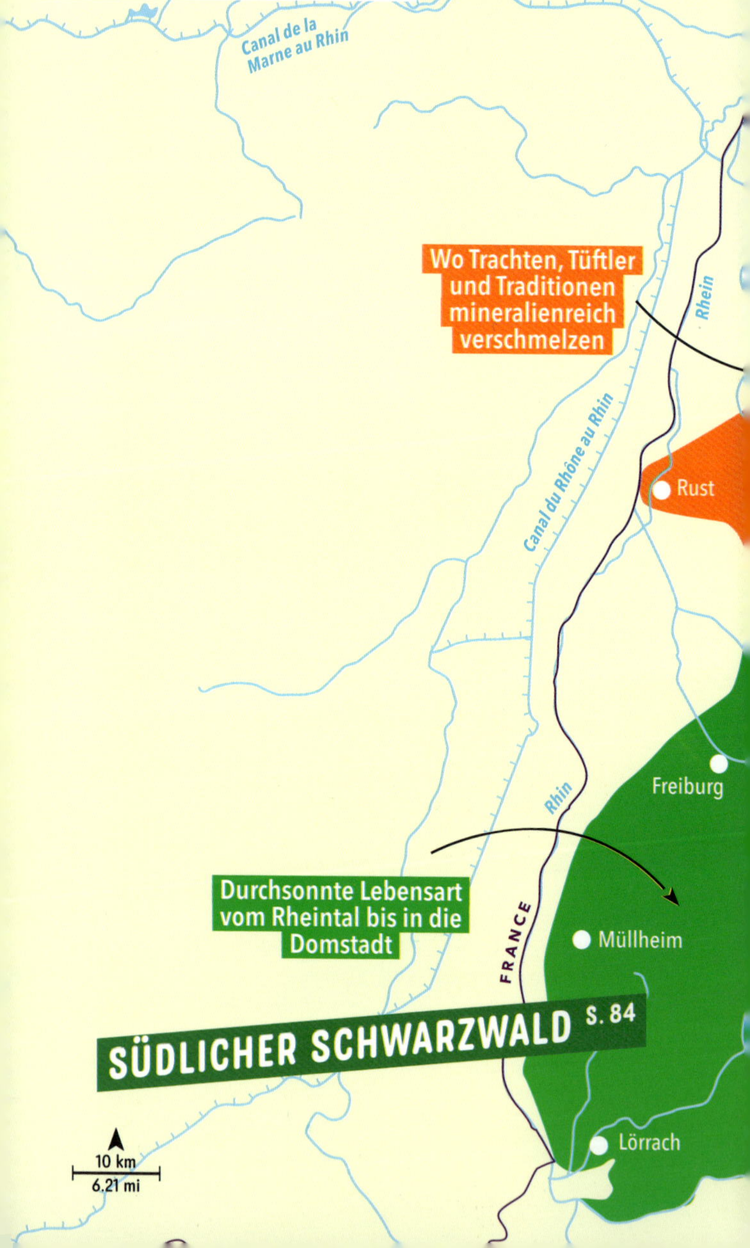

Canal de la Marne au Rhin

Wo Trachten, Tüftler und Traditionen mineralienreich verschmelzen

Canal du Rhône au Rhin

● Rust

Rhein

● Freiburg

Rhin

Durchsonnte Lebensart vom Rheintal bis in die Domstadt

FRANCE

● Müllheim

SÜDLICHER SCHWARZWALD S. 84

● Lörrach

10 km
6.21 mi

PFORZHEIM

NÖRDLICHER SCHWARZWALD S. 40

Baden-Baden

Calw

Murg

Zwischen Wellness,
Wanderglück und
Sterneküche schnurren
die Genießer

Offen-burg

Baiersbronn

Freuden-stadt

Neckar

Kinzig

Haslach

MITTLERER SCHWARZWALD S. 62

Elz

Waldkirch

Villingen-Schwenningen

HOCHSCHWARZWALD S. 106

Donau

Titisee-

Neustadt

Das Aktivzentrum rund
um den höchsten
Gipfel des Landes

Wutach

Schluchsee

DEUTSCHLAND

St. Blasien

Bodensee

SCHWEIZ

Rhein

NÖRDLICHER SCHWARZWALD

HEISSE QUELLEN, KÜHLE WÄLDER

Gegensätze ziehen sich bekanntlich an, in diesem Fall wirkt der touristische Magnetismus auf vielerlei Weise: Da liegen in der insgesamt eher ruhigen Region das weltläufige Baden-Baden, das kulinarisch einzigartige Baiersbronn und die Großdichterstadt Calw. Ringsum: etliche heiße Quellen und viel, viel Landschaft.

Noch Anfang des 20. Jhs. waren die Höhenzüge des Nordschwarzwalds nahezu unerschlossen, und bis heute herrscht in manchem

Im Sommer spritzig, zur Schneeschmelze eindrucksvoll: rauschende Geroldsauer Wasserfälle

Winkel noch die Einsamkeit früherer Jahrhunderte. Flößer, Holzfäller und Schwarzwaldbauern waren hier lange unter sich. Sie siedelten in der Nähe der Klöster, die auf den Höhen seit Urzeiten Wache halten. In den engen Tälern schmiegen sich mittelalterliche Siedlungen an die Berghänge. Auf den Hochflächen wurde im Lauf der Zeit raubbauartig Wald gerodet, doch aus den einstigen Holzfäller- und Bauerndörfern sind heute viele kleine Weiler von karger Schönheit geworden.

NÖRDLICHER SCHWARZWALD

FRANCE

Etzenrot
Schöllbronn
Völkersbach
Burbach
Marxzell **6**
Freiolsheim
Schielberg
Moosbronn
Iffezheim
Oberndorf
Kuppenheim
Michelbach
Bernbach
Rotensol
Fort-Louis
Sulzbach
Söllingen
Sandweier
Haueneberstein
Gaggenau
Bad Herrenalb **5**
Hügelsheim
Altes Schloss
Hohenbaden **1**
2 Ebersteinburg
Dobel
Rheinmünster
Sinzheim
3 Merkur-
bergbahn
4 Gernsbach
Loffenau
Baden-Baden
Lautenbach
Caracalla-Therme ★
S. 44
Oberbruch
Casino Baden-Baden ★
Hilpertsau
Weisenbach
Vimbuch
Eisental
7 Geroldsauer
Wasserfälle
Wildsee
Moos
Bühl
Langenbrand
Zell
Mehliskopf **9**
Bermersbach
Hohlohsee
Nonnenmiß
Bühlertal 8
10 Forbach
Otterswier
Neusatz
Achern
Lauf
Sasbach
Schönmünzach
53 km, 50 Min.
Fautenbach
Sasbachwalden
Kappelrodeck
**Skigebiet
Schwarzwaldhochstraße** ★
Besenfeld
Göttel-
fingen
Mösbach
Seebach **12**
Schönegründ
Ulm
Karlsruher Grat **13**
11 Nationalpark Schwarzwald ★
Nagold-
talsperre **18**
Haslach
Heselbach
Oberkirch
Allerheiligen-
Wasserfälle **14**
Obertal
Klosterreichenbach
Bottenau
Bühlbach
Baiersbronn
S. 51
Ödsbach
15 Lothar-Pfad
Mitteltal
Oppenau
60 km, 1 Std.
Kniebis
Friedrichstal
Ibach
Wittlens-
weiler
Löcherberg
Bad Griesbach
Freudenstadt
S. 55
Lombach
Bad Peterstal
Bad Rippoldsau
Nordrach
**Alternativer Wolf- &
Bärenpark Schwarzwald 16**
Loßburg
Schömberg
Oberharmersbach
Schapbach
Wälde
Betzweiler
5 km
3.11 mi
Oberwolfach
Reinerzau
17 Alpirsbach

MARCO POLO HIGHLIGHTS

★ CARACALLA-THERME
In Baden-Badens riesiger Thermal-
landschaft im Heilwasser relaxen ➤ S. 46

★ CASINO BADEN-BADEN
Mit den Reichen und Schönen auf
Roulette, Poker und Black Jack setzen
➤ S. 47

★ NATIONALPARK SCHWARZWALD
Die Natur auf dem Selbstfindungstrip:
Sei Zeuge, wie der Urwald von morgen
entsteht! ➤ S. 53

★ SKIGEBIET SCHWARZWALD-HOCHSTRASSE
Ski, Langlauf, Rodeln – bei Tag und bei
Nacht ➤ S. 53

★ ALTENSTEIG
Knackiger Aufstieg ins schönste Städtchen
des Nordschwarzwalds ➤ S. 58

★ BAD WILDBAD
Feudal, thermal, international – und ganz
schön wildliniert ➤ S. 60

★ BENEDIKTINERKLOSTER HIRSAU
Von dieser Ruine aus wurde einst der
Schwarzwald erschlossen. ➤ S. 60

BADEN-BADEN

(□□ E3) **Klingt abgedroschen, bleibt aber wahr: Baden-Baden bedeutet Geld, Noblesse, etwas Dekadenz und internationales Publikum.**

Ein Monaco an der Oos, prunkvoll erbaut, mit barocken Villen, kleinen Schlössern, mit eleganten Geschäften, opulenten Alleen und Parks. Baden-Baden (55 000 Ew.) bildet, eingekreist von kleinen Bergen, eine Welt für sich. In der der Glanz des 19. Jhs. – mit seinem ästhetischen Gipfel in der sogenannten Belle Epoque – bis heute greifbar ist. Obwohl nicht wirklich groß, darf sich die Kurstadt mit Recht eine Weltstadt nennen. Was aber auch bedeutet, dass hier das Reisebudget heftig strapaziert wird. Die schon legendäre Allgegenwart des Russischen in der Stadt hat historische Gründe: Vor rund 200 Jahren herrschte die badische Prinzessin Louise an der Seite ihres Manns, Zar Alexander, über Russland. Sie verstand es, ihren Mann sowie viele Landsleute für ihre alte Heimat zu begeistern – eine Verbundenheit, die bis heute geblieben ist. Das geografische Umfeld der Stadt gibt sich berg- und burgenreich.

SIGHTSEEING

MUSEUMSMEILE ☂

In der Lichtentaler Allee reihen sich die vier größten Museen der Stadt aneinander, die den Vergleich selbst mit mancher international renommierten Sammlung nicht scheuen müssen. Der Innenstadt am nächsten liegt das Kulturzentrum *LA8* mit dem *Museum für Kunst und Technik des 19. Jahrhunderts (Di-So 11-18 Uhr | Eintritt 7 Euro | la8.de | ⏲ 1½ Std.).* Wechselnde Ausstellungen. Gleich nebenan findest du die *Staatliche Kunsthalle (Di-So 10-18 Uhr | Eintritt 7 Euro | kunsthalle-baden-baden.de | ⏲ 1-2 Std.)* in ihrem sehenswerten Bau von 1908 mit zeitgenössischer Kunst. Über eine gläserne Brücke ist die Kunsthalle mit dem *Museum Frieder Burda (Di-So 10-18 Uhr | Eintritt 14 Euro | museum-frieder-burda.de | ⏲ 2 Std.)* verbunden, dessen Sammlung sich auf Gegenwartskunst und klassische Moderne konzentriert. Baden-Baden von den Römern bis heute zeigt das *Stadtmuseum (Di-So 11-18 Uhr | Eintritt 5 Euro | stadtmuseum-baden-baden.de | ⏲ 1-2 Std.).*

PARKS & GÄRTEN

Eine solche Vielfalt an tadellos gepflegten Oasen mitten in einer Stadt findet man selten: Die schönsten An-

WOHIN ZUERST?

Goetheplatz: Kurhaus, Trinkhalle, die Lichtentaler Allee und das Einkaufsviertel – alles ist in unmittelbarer Nähe. Auch die berühmten Bäder. Nur einen Katzensprung entfernt liegt die Busstation Leopoldsplatz, die die City mit dem Bahnhof verbindet. Autofahrer steuern die innerstädtischen Parkhäuser (Festspielhaus- oder Kurparkgarage) an.

lagen sind der *Dahliengarten* sowie die *Gönneranlage* entlang der Lichtentaler Allee. Auf dem Beutig (Moltkestr. 3), etwas abseits der Innenstadt gelegen, befindet sich der *Rosenneuheitengarten*, wo im Sommer die Züchterprämierungen stattfinden – ein wahrhaftiges Blütenparadies! Ein Wegweiser zu allen drei Gärten wurde vor dem Stadttheater aufgepflanzt.

RÖMISCHE BADRUINEN

Wellnesshistoriker steigen die Stufen unterm *Friedrichsbad* (s. S. 46) hinab und entdecken die von den Römern in erstaunlicher Vollständigkeit hinterlassenen Anlagen. Computersimulationen zeigen die antiken Komfortzonen detailreich in ihrer ganzen einstigen

INSIDER-TIPP
Auferstanden aus Römerruinen

Pracht. *Mitte März–Mitte Nov. tgl. 11–12 und 15–16 Uhr | Eintritt 5 Euro | Römerplatz 1 | carasana.de*

FABERGÉ-MUSEUM

Apropos Russland-Connection: Der Goldschmied der Zarenfamilie, Peter Carl Fabergé (1846–1920), hat nicht nur die weltberühmten Eier angefertigt. Sondern auch tausende weitere Kostbarkeiten für den alltäglichen Luxusbedarf. Die Ausstellung zeigt sein funkelndes Werk. *Tgl. 10–18 Uhr | Eintritt 18 Euro | Sophienstr. 30 | fabergemuseum.de | 1–2 Std.*

ESSEN & TRINKEN

PORTERHOUSE

Argentinisches, irisches und US-Rindfleisch, Schweinesteaks aus Spanien, saftige Burger: Im Grill-Restaurant bekommen „Fleischfresser" die besten Steaks der Stadt aufgetischt. *Mo–Fr 12–14.30 und 17.30–23, Sa/So 12–23 Uhr | Kaiserallee 4 | Tel. 07221 9 73 66 65 | porterhouse-grill.de | €€–€€€*

ROSSO BIANCO
Sieht aus wie das Clubheim des noblen Tennisclubs Rot-Weiß in der Lichtentaler Allee, ist aber offen für alle. Die Küche kocht einheimisch und mediterran (auch Pizza und Pasta), auf der Terrasse sitzt man mittendrin im lässigen Parkvergnügen. *Tgl. 10–22 Uhr | Lichtentaler Allee 5 | Tel. 07221 2 17 91 02 | rosso-bianco-baden-baden.de | €€*

CAFÉ KÖNIG
Zu einem mondänen Ort wie Baden-Baden gehört der Besuch im Kaffeehaus. Hier serviert dir mitten in der Stadt der wohl umtriebigste Chocolatier Südbadens (sein süßer Arm reicht mittlerweile sogar bis Tokio), die Confiserie Gmeiner, Kuchen, feine Torten, Schokoladen und Herzhaftes wie Quiches und salatgarnierte Bratkartoffeln. Das Ambiente könnte mit seiner Schnörkeligkeit drinnen und draußen kurstädtischer nicht sein. *Tgl. 8.30–18.30 Uhr | Lichtentaler Str. 12 | Tel. 07221 2 35 73 | chocolatier.de | €–€€*

GEROLDSAUER MÜHLE
Ein Prachtstück von einem Wirtshaus im trendigen Alpinstil im ländlichen Stadtteil Geroldsau (folg der B 500). Im Sommer hockt man draußen im großen Biergarten. Ansonsten: heimische Produkten, Hofladen und *Naturparkausstellung. Mo–Fr 11.30–22, Sa/So 9–22 Uhr | Geroldsauer Mühle 54 | Tel. 07221 99 64 68 30 | geroldsauer muehle.de | €–€€*

SHOPPEN

Ein Einkaufsbummel in der Fußgängerzone (Lange Str. und Gernsbacher Str.) kann teuer werden. Die Juweliere bieten Erlesenes. Die Kollektionen der Boutiquen sind so elegant wie die Preise horrend. Ein Schaufensterbummel macht wegen der exklusiven Auslagen auf dem Weg vom Leopoldplatz zum Kurhaus besonders viel Spaß. Süßmäuler schauen in der für ihre Trüffel und Butterstreusel berühmten *Confiserie Rumpelmayer (Kaiserallee 1a | Kurhaus Kolonaden)* vorbei.

WELLNESS

CARACALLA-THERME ★
Für die tägliche Verwöhnportion: Moderne Badelandschaft auf über 4000 m² mit Whirlpools, Innen- und Außenbecken, Luftsprudel, Wasserfällen, Saunalandschaft, Dampfbad sowie separater Kinderbetreuung. *Tgl. 8–22, letzter Einlass 20.30 Uhr | Römerplatz 1 | Eintritt ab 17,50 Euro | ca rasana.de*

FRIEDRICHSBAD
Römisch-irisches Thermalbad am Marktplatz. Auch architektonisch einzigartige Kombination aus Heißluft-, Thermaldampf- und Thermalbewegungsbad. Bis heute ein Nacktbad, über das schon Mark Twain einst sagte: „Hier vergessen Sie nach zehn Mi-

nuten die Zeit und nach 20 Minuten die Welt". Lass dir den Rücken bei einer Seifenbürstenmassage schrubben! *Tgl. 9–22 Uhr (Einlass bis 19 Uhr) | Eintritt 32 Euro | carasana.de*

AUSGEHEN & FEIERN

CASINO BADEN-BADEN ⭐
Dies ist die älteste Spielbank Deutschlands (seit 1838), mit prunkvollen Sälen in Marmor, Gold und Seide und der Atmosphäre der Belle Epoque. Roulette, Black Jack und Poker heißen die Glücksspiele. Herren brauchen ein Jackett, alle einen gültigen Ausweis, um eingelassen zu werden (Mindestalter 21 Jahre). *So–Do 15–2, Fr/Sa 15–3 Uhr | Eintritt 5 Euro | Führungen vor Spielbetrieb am Vormittag über die Webseite buchbar | Eintritt 10 Euro | Kaiserallee 1 | casino-baden-baden.de*

LEO'S
Cafébar, Musikpub in der Stadtmitte. Lebhafter Treffpunkt vor und nach dem Ausgehen, gut zum Leutebeobachten, gute Karte. *Mo–Fr 12–0, Sa/So 10–0 Uhr | Luisenstr. 8–10 | leos-baden-baden.de | €€–€€€*

FESTSPIELHAUS
Avantgardistische Architektur mit Anleihen bei der Belle Epoque kennzeichnen dies mit 2500 Plätzen zweitgrößte Konzerthaus Europas – eine Bühne für Weltstars, die hier auch regelmäßig auftreten. *Führungen Mo–Fr 11, Sa 14 Uhr, 8 Euro | Beim Alten Bahnhof 2 | Karten (auch für Führungen): Tel. 07221 30 13 101 | festspielhaus.de*

Das prachtvolle Ambiente beweist: Glücksspiel lohnt sich immer – für die Casino-Betreiber

RUND UM BADEN-BADEN

1 ALTES SCHLOSS HOHENBADEN

3 km/10 Min. von Baden-Baden (Auto)

Wenn du im Kurpark Baden-Baden ein wenig den Kopf hebst, dürfte dir die Ruine der alten Burg Hohenbaden nicht entgehen. Der Schlossberg *Battertfelsen* ist mit bis zu 60 m hohen Felstürmen ein beliebtes Kletterparadies, mit Klettergarten für Anfänger. Vom Turm bietet sich ein Superblick auf Stadt und Rheinebene. *E3*

2 EBERSTEINBURG

7 km/10 Min. von Baden-Baden (Auto)

Auch wenn der Zahn der Zeit schon mächtig an der Burg Alt-Eberstein genagt hat, bleibt die Feste, deren Wurzeln ins 12. Jh. zurückreichen, das überragende Wahrzeichen von Ebersteinburg. Vom noch ganz gut erhaltenen, begehbaren Turm reicht der Blick weit ins Rheintal und über die Schwarzwaldhöhen. Die Burg beherbergte zuletzt auch ein Restaurant, an das die Öffnungszeiten gekoppelt sind, bei Redaktionsschluss war es aber geschlossen. Weitere Infos unter *alt-eberstein.de*. *E–F3*

3 MERKURBERGBAHN

3 km/10 Min. von Baden-Baden (Auto)

Wie das gute Wasser und seine Thermen gehört zu Baden-Baden sein 668 m hoher Hausberg Merkur. Naherholungsgebiet nannte man derglei-

chen früher. Vom Bahnhof Merkurwald führt eine der längsten Standseilbahnen Europas zur Gipfelstation *(tgl. 10–22 Uhr | Berg- und Talfahrt 6 Euro)* hinauf. Auf dem parkähnlichen Gipfel stehen ein Aussichtsturm und das gemütliche *Merkur-Stüble (tgl. 10–21.30 Uhr | merkurstueble-baden-baden.de | €–€€)* mit Panoramaterrasse. Bei schönem Wetter kommt es mittlerweile häufig vor, dass ein kleiner Schwarm Gleitschirmflieger den Merkur umkreist. An der *Talstation (Markgrafenstr. | Baden-Baden)* ist der Weg in ein nahes Wildgehege ausgeschildert. *E–F3*

4 GERNSBACH

12 km/15 Min. von Baden-Baden (Auto)

Männer, Hölzer, Abenteuer: Einst war Gernsbach (14 200 Ew.) ein Zentrum der Schwarzwaldflößerei. Aus der Blütezeit sind gut erhalten die *Jakobskirche* (1467–71), *Liebfrauenkirche* (1380–90) und das *Alte Rathaus* (17. Jh.). Die „Perle des Murgtals" beherbergt die einzige Papiermacherschule Deutschlands *(papierzentrum.org)*. Oberhalb der Stadt locken mit schöner Aussicht und erstklassiger Küche im prachtvollen Schloss Eberstein *Werners Restaurant (Mo, Di geschl. | Tel. 07224 99 59 50 | hotel-schloss-eberstein.de | €€€)* sowie die *Schloss-Schänke (tgl. | €€€)*. *F3*

5 BAD HERRENALB

25 km/30 Min. von Baden-Baden (Auto)

Im berühmten Heilbad (7700 Ew.) sprudelt über 30 Grad warmes Thermalwasser aus dem Boden. Genüsslich legt

Den Hausberg Merkur erklimmt, wer mal über dem Luxustreiben Baden-Badens stehen will

man sich daher in die *Siebentäler Therme (Mo/Di 9–19, Mi/Do 9–21, Fr–So 9–22 Uhr | Eintritt ab 10,50 Euro | Schweizer Wiese 9 | siebentaelertherme.de)*, die nicht nur über eine große Badewelt verfügt, sondern auch über Saunalandschaft und Beautybereich. Jeden Abend ab 18 Uhr gibt's *Klangbaden* mit Über- und Unterwassermusik. Darüber hinaus findet in der Therme mehrmals im Jahr ein Kinoabend mit Großleinwand statt, die Cineasten treiben gemütlich auf Schwimmsesseln durch das Wasser. 📖 *F3*

NSIDER-TIPP
Blockbustern in Badehose

6 MARXZELL

28 km/40 Min. von Baden-Baden (Auto)

Da kann sich das Örtchen (5400 Ew.) noch so gut in den nördlichsten Aus-

läufern des Schwarzwalds verstecken, wegen seines kruschtelig-liebenswerten *Fahrzeugmuseums (tgl. 14–17 Uhr | Eintritt 6 Euro | fahrzeugmuseum-marxzell.de)* wirst du es finden. In einem alten Sägewerk in der Ortsmitte sind über 100 historische Autos und 150 Motorräder ausgestellt, außerdem alte Lokomotiven, Traktoren und Feuerwehrautos. 📖 *F2*

7 GEROLDSAUER WASSERFÄLLE

7 km/15 Min. von Baden-Baden (Auto)

Tosend rauscht das Wasser in Kaskaden in die Tiefe, hinauf zum schäumenden Spektakel führt ein gemütlicher, halbstündiger Fußweg ab Geroldsau. Der Besuch lohnt vor allem im Frühjahr zur Schneeschmelze. 200 m oberhalb der Wasserfälle erwartet dich die Hüttengaudi im *Bütthof*

Die Murg und ihre Stromschnellen lassen sich in Forbach per Kajak bezwingen

(Mai–Okt Mi–Sa ab 12, So ab 11, Nov.–April Mi–Fr ab 17, Sa/So ab 12 Uhr | Tel. 07221 7 37 47 | buetthof.de | €–€€) mit großer Terrasse im Sommer – ein beliebtes Ausflugsziel.

INSIDER-TIPP
Selbst ist der Koch!

Nach Anmeldung wird auch ein Fleischfondue (im Winter) oder ein brutzelnder Tischgrill (im Sommer) aufgetischt. ⌑ E3

8 BÜHLERTAL

17 km/20 Min. von Baden-Baden (Auto)

Von Bühl (28 500 Ew.), der Zwetschgenstadt, zieht sich das wirklich malerische Bühlertal mit seinen Obstplantagen und den Weinbergen südlich von Baden-Baden in langen Winkeln und Bögen bis weit hinauf zur Hornisgrinde, dem mit 1164 m höchsten Gipfel des Nordschwarzwalds. Ein schönes Ausflugsziel sind die *Gertelbach-Wasserfälle* mit 70 m tiefen Kaskaden, die in einem Serpentinenrundweg (5 km) gut erschlossen sind. Eine Einkehr lohnt dabei im *Waldgasthaus Kohlbergwiese (Mi–So 10.30–18 Uhr, Winterpause beachten | Tel. 07226 2 50 | waldgasthaus-kohlberg wiese.de | €)* mit tollem 🎎 Kinderspielplatz. Oberhalb von Bühl ragt die Ruine von *Burg Windeck* empor, zu der ein gleichnamiges *Hotel-Restaurant (So-Abend und Di geschl. | Kappelwindeckstr. 104 | Tel. 07223 9 49 20 | burg-windeck.de | €€€)* gehört. Für dessen Feinschmeckerküche und die Aussicht von der Terrasse übers Rheintal (man sieht sogar das Straßburger Münster!) samt spektakulärem Sonnenuntergang sich die Bergetappe wirklich lohnt.

Wo der Hammer hängt: In der *Bühlertaler Geiserschmiede (museum-gei serschmiede.de)* fliegen zu bestimmten Terminen die Funken bei der Metallbearbeitung, die man in der Museumsschmiede live bestaunen kann. Infos auf der Website. ⌑ E3–4

9 MEHLISKOPF 🎎

21 km/30 Min. von Baden-Baden (Auto)

Bei Sand an der Schwarzwaldhochstraße (B 500) ist rund um die Lifte ein Erlebnisberg entstanden, der besonders Menschen mit Nachwuchs dynamisiert: 1,3 km lange Coasterbahn, Kletterwald, Aussichtsturm, Bungy-Trampoline und Downhill-Carts. Im Winter kleines Skigebiet mit Snowpark für Snowboarder. *mehliskopf.de* | ⌑ E4

10 FORBACH

20 km/25 Min. von Baden-Baden (Auto)

Nicht weniger als die größte freitragende Holzbrücke Europas lässt sich in dem idyllisch im Flusstal gelegenen Ort (4800 Ew.) bestaunen. Über die Murg spannt sie sich mit einer Länge von 40 Metern. Die Stromschnellen des Gebirgsflusses gelten als eher unangenehm, was Abenteurer nicht hindert, sie sich im *Rafting-Schlauchboot (ab 25 Euro/Pers. | Tel. 07083 922 0353 | adventure world.de/murgtalarena)* vorzunehmen. Auch Lust? Nach Anmeldung gibt's vom Boot bis zum Neo alles vom Veranstalter.

INSIDER-TIPP

Fuchs und Has mal gute Nacht sagen

Noch ein Abenteuer: Im Wald in der Nähe der bei Forbach gelegenen Schwarzenbach-Talsperre kannst du mit dem Zelt mitten in der Natur übernachten. Ganz legal! Die Ausnahmegenehmigung gilt von April bis Oktober für die kleinen Wildniscamps von *trekkingschwarzwald.de*. Hin kommst du nur zu Fuß! [] *F4*

BAIERS-BRONN

([] *F5*) **Nirgendwo in Deutschland wird so sensationell gekocht wie in** ⚑ **Baiersbronn. Insofern man Michelinsterne zugrunde legt, von denen über der weitverzweigten Gemeinde (14 500 Ew.) gleich acht baumeln.**

Darüber hinaus wurde hier der erste Nationalpark Baden-Württembergs eröffnet. Dort und in der gesamten Berglandschaft lässt es sich himmlisch wandern.

Der Hauptort liegt 500 m hoch an der Kreuzung mehrerer Täler, die sich hinaufziehen zu Schliffkopf, Hornisgrinde, Ruhestein und Kniebis. An den Spazier- und Wanderwegen stehen futuristische *Himmelsliegen:* einladend geschwungene Chill-Out-Brettle für Heißgewanderte.

SIGHTSEEING

HAUFFS MÄRCHENMUSEUM

Klein und liebevoll eingerichtet, erinnert dieses Museum an den schwäbischen Dichter Wilhelm Hauff („Zwerg Nase"), dessen Märchen „Das kalte Herz" genau hier in Baiersbronn spielt. *Mi, Sa, So 14–17 Uhr, Mitte Nov.–Mitte Dez. geschl. | Eintritt 1,50 Euro | Alte Reichenbacher Str. 1 |* ⏱ *1½ Std.*

GLASHÜTTE BUHLBACH

Das Baiersbronner Glas sorgte früher unter anderem in Form von Champagnerflaschen für das Prickeln im Leben der Besserverdiener. Bis 1909 wurde hier das zerbrechliche Exportgut hergestellt, die ehemaligen Werkstätten, Schmelzöfen und Gebäude sind noch original erhalten. Und lassen sich besichtigen; der gesamte Kulturpark wurde wie ein Freilichtmuseum gestaltet. *Mai–Okt Mi–So 11–17 Uhr, Führung jeweils 14.30 Uhr | Eintritt 5,50, Kinder 3 Euro | Schliffkopfstr. 46 | glashuette-buhlbach.de |* ⏱ *2 Std.*

MORLOKHOF ⚑

Einst sollen in dem 1790 erbauten Bauernhof in Mitteltal Wunderheiler gelebt haben. Für die Renovierung erhielt der Hotelier Hermann Bareiss den Denkmalschutzpreis des Landes. Jeden Donnerstagabend wird das nicht ganz billige *Morlokhof-Menü* serviert, inklusive szenischer Hofführung. Anmeldung erforderlich, ansonsten nur von außen zu besichtigen. *Tel. 07442 4 70 | bareiss.com*

ESSEN & TRINKEN

STERNEKÜCHE

Das ganz große Gaumenkino erwartet dich im Restaurant *Bareiss (Gärtenbühlweg 14 | bareiss.com | €€€)*, wo der Dreisterner Claus-Peter Lumpp die Küchenkünstler dirigiert. Jörg und Nico Sackmann haben sich im Restaurant *Schlossberg (Murgtalstr. 602 | hotel-sackmann.de | €€€)* bislang einen Stern erkocht. In der *Schwarzwaldstube (Tonbachstr. 237 | traube-tonbach.de | €€€)* des Hotels *Traube Tonbach* heißt der Küchenvirtuose Torsten Michel, auch er zuletzt ein Dreisterner. Nach einem Großbrand in der Traube Tonbach wurde die Schwarzwaldstube komplett neu errichtet. Modern, luftig und lichtdurchflutet präsentiert sich der Feinschmeckertempel nun, architektonisch ist der Heimatbezug dennoch geblieben. Für alle Sternehäuser gilt: rechtzeitig reservieren!
Low-Budget mit Gourmetgeschmack: Die Traube Tonbach und das Bareiss betreiben in den Wäldern rund um Baiersbronn jeweils eine charmante

Wanderhütte – die *Sattelei (€–€€)* (Bareiss) und die *Blockhütte (€–€€)* (Traube Tonbach), wohin die sogenannten Genießerpfade führen.

SEIDTENHOF

Eine willkommene Abwechslung vom Sternefunkeln: bodenständige Bauernhofküche samt Hofladen mit guten Kuchen, selbstgemachtem Eis und hausgemachten Maultaschen. Fleischverkauf aus eigener Rinderzucht. Im Sommer Biergarten. Für Kinder toll: frei zugänglicher 👥 Hof mit Ställen und Pferden, Kühen, Ziegen, Hasen und Katzen. *Di/Mi. geschl. | Reichenbacher Weg 46 | Tel. 07442 12 08 95 | seidtenhof.de | €*

FORELLENHOF BUHLBACH

Am Buhlbacher Waldrand züchtet die umtriebige Hoteliersfamilie Bareiss Forellen, die du hier frisch gefischt oder geräuchert verköstigst. Besonders gut schmecken sie auf der Terrasse mit Blick ins Grüne, aber auch das forellenhöfische Innenleben trägt die Handschrift gemütlichkeitsaffiner Gastgeber. Zusätzlich Laden mit Fischspezialitäten. *Tgl. 11.30–17.30 Uhr | Schliffkopfstr. 64 | Baiersbronn-Buhlbach | Tel. 07442 470 | bareiss.com | €€*

SPORT & SPASS

BAIERSBRONNER WANDERHIMMEL

Über rund 550 km erstreckt sich das himmlische Wegenetz – darunter ausgezeichnete Routen wie *Murgleiter* und der *Seensteig*. Weitere Infos gibt es im *Wander-Informationszentrum (Mo–Fr 8–12 und 13–16, Sa/So 9–13 Uhr | Freu-*

denstädter Str. 40 | Tel. 07442 84 14 66 | baiersbronn.de). Mit *Wanderkoch (Tel. 07442 8 43 40 | rosengarten-baiersbronn.de)* Friedrich Klumpp geht's schlemmend übers Land und durch den Wald, dabei erfährst du allerlei über das kulinarische Potenzial von Bäumen und Kräutern am Wegesrand.

INSIDER-TIPP
Nadelt die Fichte auf den Teller

SKIGEBIET SCHWARZWALD-HOCHSTRASSE ⭐ 🎿

Die Höhen über Baiersbronn, von der Hornisgrinde bis zum Kniebis, sind durch ein weitläufiges Netz aus Loipen und Skiliften erschlossen. Dieses zentrale Wintersportgebiet des Nordschwarzwalds ist besonders kinder- und familienfreundlich. Wegen der eher zahmen Abfahrten und oft auch kurzen Loipen spricht es vor allem die Genie-ßer unter den Skisportlern an. Die *Rechtmurgloipe* (im Ortsteil Obertal) ist bei Dunkelheit von Flutlicht beleuchtet. Zusätzlich drei Rodelbahnen, am Ruhestein (300 m), in Obertal (150 m) und in Buhlbach (150 m). 🗺 *E–F 3–5*

RUND UM BAIERS-BRONN

🔢 NATIONALPARK SCHWARZWALD ⭐

5 km/7 Min. von Baiersbronn zum Parkplatz Keckenteich Tonbach (Auto) Auf 10 000 ha (was etwa zwei Dritteln der Fläche von Baden-Baden entspricht) erstreckt sich der *Nationalpark*

Ein Sternesammler bei der Arbeit: der Baiersbronner Spitzenkoch Jörg Sackmann

zwischen Schwarzwaldhochstraße und Baiersbronn. In dem Bergmischwald leben Wild und Auerhühner, wer sich still verhält, lauscht Spechten und Käuzchen, auf Lichtungen breiten sich einsame Hochmoore aus. Langfristig soll die Natur sich in dem Gebiet selbst überlassen werden, Befürworter des Parks sehen darin ein Paradies für den Artenschutz sowie einen späteren Ur- wald.

Das neue *Nationalparkzentrum (Di–So 10–18, Nov.–April 10–17 Uhr | Eintritt 8 Euro, Kinder bis 6 Jahre frei | Ruhestein 1 | Baiersbronn | nationalpark-schwarz wald.de)* mit seiner futuristischen Holzarchitektur ist endlich fertig. Ein echter Hingucker! Auch im Inneren: Die Ausstellung setzt auf Exponate zum Anfassen und Mitmachen, span- nende mediale Inszenierungen und moderne Lichtkonzepte. So macht Na-

turkunde Spaß. Der Einrichtung des Nationalparks gingen lange, in der Region bisweilen heftig geführte Aus- einandersetzungen voraus, die bis heute plakativ in der Landschaft nach- hallen. Auch die Gegner des Parks sind zahlreich. Ihre größte Sorge sind Bor- kenkäferplagen, starke Einbußen für die regional bedeutsame Holzwirt- schaft sowie die unberechenbare Tou- rismusentwicklung. Mach dir selbst ein Bild!

Einen ersten Einblick verschaffst du dir auf einer kleinen Tour zum eiszeitlichen, malerisch gelege- nen *Buhlbachsee* (Badeverbot!). Ein- drucksvolle 4 km über die Höhen und durch den Wald wanderst du dorthin auf dem *Seensteig* vom Parkplatz am *Lothar-Pfad* (s. S. 55). Nur 1,5 km sind es ebenfalls auf dem *Seensteig* vom

INSIDER-TIPP
Idylle in Hülle & Fülle

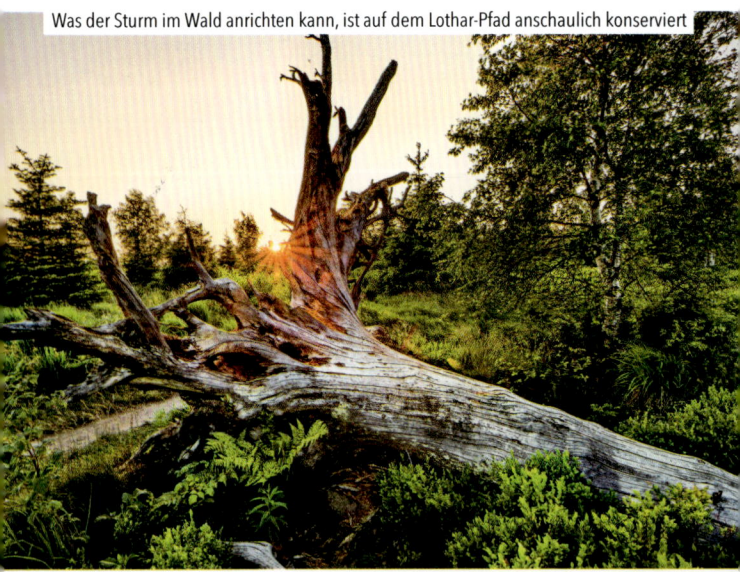

Was der Sturm im Wald anrichten kann, ist auf dem Lothar-Pfad anschaulich konserviert

Parkplatz an der Zuflucht, die du erreichst, wenn du von der B 500 (aus Freudenstadt kommend) hinter Knie-bis-Alexanderschanze links nach Oppenau abbiegst. *E–F 4–5*

12 SEEBACH

13 km/20 Min. von Baiersbronn (Auto)

Der Ort (1400 Ew.) nahe Schliffkopf, Mummelsee und Hornisgrinde wurde mehrfach für seine Familienfreundlichkeit ausgezeichnet: Neben einem engagierten Kinderprogramm und den Ferien auf dem Bauernhof manifestiert sich diese u. a. auf dem großen Abenteuerspielplatz direkt im Ort. Näheres in der *Touristinfo (Tel. 07842 94 83 20 | seebach-tourismus.de).* Zünftige Einkehr mit guter Bauernvesper und Hausbrennerei bietet am Talende in Hinterseebach der *Kernhof (April–Okt. Mi–So 11–19 Uhr | Bosenstein 3 | Tel. 07842 36 92 | kernhof-seebach.de | €).* In unmittelbarer Nähe liegt *Brennte Schrofen*, eine Aussichtskanzel mit unvergleichlichem Blick auf Ottenhöfen und die Nachbartäler. *E5*

13 KARLSRUHER GRAT

13 km/20 Min. von Baiersbronn (Auto)

Die Kletterpartie über den panoramareichen Karlsruher Grat bei Ottenhöfen ist das Maximum an alpinistischer Kraxelei, die im Schwarzwald möglich ist. Tatsächlich meisterst du während des Aufstiegs auch einen Klettersteig. Also gutes Schuhwerk und eine Portion Kondition einpacken. Der Grat liegt im Naturschutzgebiet Gottschlägtal-Karlsruher Grat mit seinen mystischen Wald- und Bachlandschaften. *ottenhoefen-tourismus.de | E5*

14 ALLERHEILIGEN-WASSERFÄLLE

35 km/40 min von Baiersbronn (Auto)

Noch ein kleines Abenteuer: In einem Seitental unterhalb der Schwarzwaldhochstraße führt dich ein Kletterweg ausgehend von der Streusiedlung Lierbach zu dem wildromantischen Wasserfall bei Lierbach. Er ist über steile Treppen, Brücke und Stege erschlossen und beginnt bei der morbide Mystik ausstrahlenden Ruine des Klosters Allerheiligen (12. Jh.), daher sein Name. *E5*

15 LOTHAR-PFAD

36 km/40 Min. von Baiersbronn (Auto)

Uriger Lehrpfad (1 km), der über Treppen, Stege und Leitern durch ein verwüstetes Waldstück führt, das nach dem verheerenden Orkan Lothar 1999 nicht mehr aufgeräumt wurde. Da sieht man mal, was so geht, wenn die Natur sich selbst überlassen wird. *nationalpark-schwarzwald.de | E5*

FREUDEN-STADT

(F5) **In einem der gemütlichen Straßencafés rund um Deutschlands größten Marktplatz zu sitzen und dem Trubel zuzusehen, ist schon ein echtes Urlaubsvergnügen für sich.**

Die Stadt (23 400 Ew.) auf 700–1000 m Höhe – mit allem, was klimatisch dazugehört – wurde um 1600 wie ein Mühlespiel-Feld angelegt. Herzstück ist der arkadenumrahmte Marktplatz mit seiner Wasserspielfläche, wo von Mai bis Oktober Fontänen speien.

SIGHTSEEING

EXPERIMENTA 👥
Physik als knisternde und buchstäblich haarsträubende Selbsterfahrung: In kindertauglichen Experimenten zum Ausprobieren und Mitmachen fühlst du den Phänomenen des täglichen Lebens und der Naturwissenschaft auf den Zahn. *Tgl. Kernzeit 11–16 Uhr | Eintritt 6 Euro | Musbacher Str. 5 | experimenta-freudenstadt.de |* 🕐 *2–3 Std.*

KIENBERG
Mit Blick über die Stadt schlenderst du durch den Freiluft-Skulpturenpark oder flanierst auf dem *Rosenweg* an Rosenbeeten vorbei. Auf dem Berg ragt der 25 m hohe Friedrichsturm von 1899 empor, der sich auch erklimmen lässt.

ELLBACHSEEBLICK
Einen herrlichen und stillen Blick über die Hügel des Nordschwarzwalds bietet die 1,2 km nördlich des *Besucherzentrums auf dem Kniebis (tgl. 9–13 u. 13.30–17, im Winter bis 16 Uhr | Straßburger Str. 349)* scheinbar ins Nichts ragende Aussichtsplattform. Frag am besten im Zentrum nach dem Weg!

ESSEN & TRINKEN

TURM-BRÄU
Mitten auf dem Marktplatz gelegen, sind hier die hausgemachten Spezialitäten zu empfehlen, besonders das Bier und die Maultaschen. Drum herum deftig Herzhaftes in uriger Gemütlichkeit, im Sommer großer Biergarten. *Tgl. 11–23, Fr/Sa bis 3 Uhr | Marktplatz 64 | Tel. 07441 90 51 21 | turm-bräu.de | €€*

KNIEBISHÜTTE
Obwohl sie unmittelbar an der Schwarzwaldhochstraße liegt, ist diese Einkehr nicht nur bei Touristen beliebt. Auch Einheimische wissen den zackig-vergnügten Service sowie die Vesper- und Kuchenspezialitäten zu schätzen. Im Inneren wärmt winters der Kachelofen, im Sommer lädt die große, von der Straße abgewandte Terrasse zum Höhensonnenbad. Zu besonderen Terminen launige *Hüttenabende. Im Sommer tgl. bis 19.30, im Winter bis 18.30 Uhr | Straßburger Str. 347 | Tel. 07442 12 11 60 | kniebishuette.de | €*

SHOPPEN

Der *Wochenmarkt (Di/Fr 7–13 Uhr | Nov.–März nur Fr)* auf dem Marktplatz mit Lebensmitteln und Kunsthandwerk bietet überwiegend regionale Einkaufsmöglichkeiten. Verführerisch sind die hausgemachten Spezialitäten der Freudenstädter Konditoreien und Cafés rund um den Platz.

RUND UM FREUDEN-STADT

🔟 ALTERNATIVER WOLF- & BÄRENPARK SCHWARZWALD 👥
20 km/25 Min. von Freudenstadt (Auto)
Auf einer Fläche von etwa 10 h finden Bären, Wölfe und Luchse eine neue

Heimat. Die einzelnen Tiere haben eine überhaupt nicht artgerechte Vergangenheit (z. B. in Zirkussen), weswegen sie sich hier wieder einen natürlichen Lebensraum zurückerobern dürfen. Wegen der Größe des Geländes kann ein Fernglas nicht schaden! *März–Okt. tgl. 10–18, Nov.–Feb. tgl. 10–16 Uhr | Eintritt 10, Kinder 9 Euro | Rippoldsauer Str. 36/1 | Bad Rippoldsau-Schapbach | baer.de | □ F6*

☑ ALPIRSBACH

18 km/20–30 Min. von Freudenstadt (Auto)

Hierher (6600 Ew.) kommt man wegen der guten Biere der Klosterbrauerei im urig-gemütlichen *Brauereigasthof Löwen-Post (Di/Mi geschl. | Marktplatz 12 | Tel. 07444 95 59 44 | loewen-post.de | €–€€),* wegen der alten Fachwerkhäuser im malerischen Ortskern und wegen der berühmten über 900 Jahre alten Alpirsbacher *Klosterkirche.* Deren moderne, frei stehende und sogar bewegliche Designorgel wirkt wie eine Mega-Klangskulptur – ein Ohren- und Augenschmaus zugleich. Im spätgotischen Kreuzgang finden außerdem hochkarätige Konzerte *(kreuzgangkonzerte.de)* statt. □ F6

☑ NAGOLDTALSPERRE

18 km/25 Min. von Freudenstadt (Auto)

Der See, den die Talsperre staut, ist ein Bade-, Surfer- und Segelparadies, mit dem 6,3 km langen Asphaltrundweg auch Geheimtipp der Inlinerszene. Baden ist nur in der Vorsperre erlaubt, Segeln und Surfen von April–Sept. in der Hauptsperre; viele öffentliche Grill- und Feuerstellen.

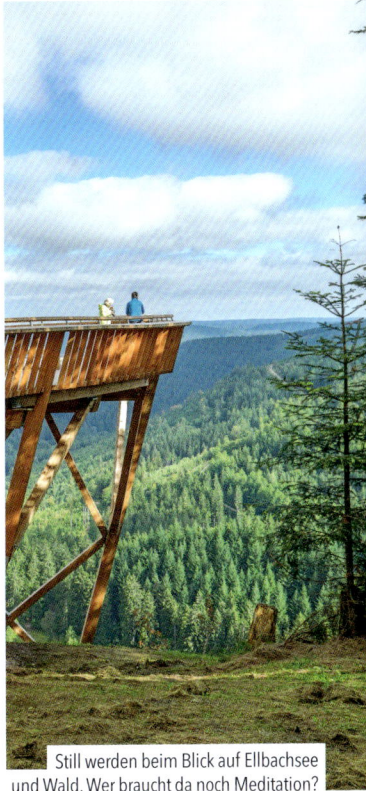

Still werden beim Blick auf Ellbachsee und Wald. Wer braucht da noch Meditation?

Der schönste und originellste Platz zur Einkehr ist im Örtchen Seewald-Erzgrube das Gasthaus *Seeheiner (Mo/Di geschl. | Seestr. 81 | Tel. 07448 9 27 70 | seeheiner.de | €–€€)* mit einem Biergarten direkt am See. Hier gibt es viel Hausgemachtes, Flammkuchen sowie eine große runde Holzterrasse, die sich dreht. Allerdings sehr gemütlich, schließlich handelt es sich um einen Genuss- und keinen Karussellbetrieb. □ G5

INSIDER-TIPP
Tischlein dreh dich!

Calws berühmter Nickelbrillenträger: Hermann Hesse

🔟 ALTENSTEIG ⭐

22 km/30 Min. von Freudenstadt (Auto)

Viele halten diesen kleinen Ort (10 200 Ew.) in den Hügeln über der Nagold für das schönste Städtchen des Nordschwarzwalds. Es klebt mit heimeligen Häuschen, die allesamt aussehen wie aus der Kollektion eines Modellbaukatalogs, rund um die Alte Steige, die der Stadt ihren Namen gab. Der Aufstieg über schmale Treppchen und Gassen wird belohnt mit dem Al-ten Schloss und seinem *Museum (Mi/So 14–17 Uhr | Eintritt 2 Euro | schloss museum-altensteig.de).* Auch die *Flößerzunft Oberes Nagoldtal (floesser-altensteig.de)* hält das alte Handwerk mit zahlreichen Veranstaltungen und Auftritten am Leben. An Sommerwochenenden bietet die Zunft zu festen Terminen Flößerführungen an, bei denen Gäste selbst Hand anlegen dürfen; rechtzeitig anmelden bei der *Stadtinfo Altensteig (Tel. 07453 9 46 11 69).* Einen Eindruck vom Inneren der vielen historischen Fachwerkhäuser bekommst du im zünftigen *Gasthaus Bäck-Schwarz (Mo/Di geschl. | Tel. 07453 74 97 | Paulusstr. 19 | baeck-schwarz.de | €).* 📖 *G4*

CALW

(📖 H3) **Nach Calw (23 100 Ew.) im engen Nagoldtal begibt sich besonders gern, wer Hesse mag – Hermann Hesse, den Literatur-Nobelpreisträger, der 1877 dort geboren wurde. Werk und Leben des Autors sind in der Altstadt allgegenwärtig.** Selfies mit dem Poeten himself sind auf der Nikolausbrücke möglich – dort steht er – in Bronze. Die Touristinfo reicht in Flyerform einen *Literarischen Streifzug,* mit dem sich die bedeutendsten Hesse-Stationen abklappern lassen. Darüber hinaus hat die Stadt natürlich auch eine eigene Geschichte: Sie begann im 11. Jh. Und weil Calw mal ein nicht unbedeutender

> **INSIDER-TIPP**
> Ganz dicht dran am Dichter

Handelsplatz und auch eine Flößermetropole war, hat sich in der Altstadt auf engem Raum eine richtig schmucke Fachwerklandschaft erhalten.

SIGHTSEEING

HERMANN-HESSE-MUSEUM

Ein absolutes Muss, wenn du schon mal da bist: Neben Manuskripten und Erstausgaben zeigt die Dauerausstellung, dass der große Dichter auch ein Maler und Zeichner war. Dazu gibt's umfangreich Biografisches und natürlich eine Werkschau. Zuletzt wurden das Stadpalais *Haus Schütz* und die Ausstellung komplett saniert – die Wiedereröffnung ist für 2024 geplant, aktuelle News im Internet. *Marktplatz 30 | calw.de/attraktionen/hermann-hesse-museum*

PALAIS VISCHER

Wie reich man damit werden konnte, wenn man im 18. Jh. den Wald niederholzte und den begehrten Rohstoff in die Niederlande flößte, veranschaulicht dieser nach seinem Erbauer benannte Palazzo am rechten Nagolddufer. Darin ist in ebenso feudalem Interieur das *Museum zur Stadtgeschichte (April–Okt. Sa/So 14–17 Uhr | Eintritt 2 Euro | Bischofstr. 48 | calw.de/attraktionen/palais-vischer | ⊙ 1 Std.)* eingerichtet, das Calw u. a. als bedeutenden und vermögenden Handelsplatz auferstehen lässt.

ESSEN & TRINKEN

ZUM ALTEN CALWER

Der alte Calwer heißt Thomas Peter und versteht sein Handwerk als lokal-regionale Herzensangelegenheit. Deswegen macht er auch seine Maultaschen selbst und erweist sich im kulinarischen Grenzgebiet zwischen Schwaben und dem Schwarzwald als äußerst kreativ. Und hat sich in dieser nicht gerade als maritim verrufenen Weltecke außerdem auf ausgezeichnete Fischmenüs spezialisiert. *Mo/Di geschl. | Lederstr. 1 | Tel. 07051 4 09 33 | alt-calw.de | €€*

BRAUHAUS SCHÖNBUCH

Hier wurde die historische Turn- zur Trinkhalle umfunktioniert. Gezapft wird das Bräu des Gastgebers, der in Böblingen braut. Dazu lässt sich üppig Herzhaftes aus der Schwaben- und bayerischen Wirtshausküche ordern. Richtig schön sitzt man auf der Terrasse oberhalb der Nagold mit Blick auf die Stadt. *Tgl. | Auf dem Brühl 1 | Tel. 07051 9 66 32 80 | brauhaus-schoenbuch.de/calw | €–€€*

SPORT & SPASS

WASSER-, WALD- & WIESENPFAD

Richtig Freude macht der knapp 14 km lange Rundweg vorbei an Bächen, durch dichte Wälder und auf schmalen Pfaden durch spektakuläre Felsformationen. Unterwegs erwartet dich mitten im Naturschutzgebiet das *Wanderheim (tgl. | Tel. 07053 9 29 40 | berlins-hotel.de | €€)* in Zavelstein mit seinem schattigen Biergarten zur Einkehr. Bekocht wird es qualitätsbewusst von einem benachbarten Hotelier. Ein Faltblatt mit der Tour kannst du auf der Website der *Calwer Tourist-Info (calw.de/Premiumweg)* als PDF laden.

RUND UM CALW

20 HIRSAU

3 km/30–40 Min. von Calw (zu Fuß)

Das berühmte ⭐ *Benediktinerkloster Hirsau* zählte zu den bedeutendsten Abteien in Mitteleuropa. Für eine genussvolle Pause während des Ruinenbummels stattest du dem *Café im Kloster (Fr–So 9–18 Uhr | Klosterhof 7 | cafeimkloster.com | €)* einen Besuch ab. Drinnen wurde opulent-historisch bestuhlt, draußen sitzt du herrlich im großen Park. *H3*

21 PFORZHEIM

30 km/40 min von Calw (Auto)

Portus nannten schon die Römer den nördlichen Eingang in den Schwarzwald, davon steckt noch ein bisschen was drin n dem heutigen Namen der Stadt (118 000 Ew.). Goldstadt wird sie auch noch genannt – wegen der lokalen Uhren- und Schmuckindustrie. Weshalb die *Schmuckwelten (Mo–Sa 10–19 Uhr | Poststr. 1 | schmuckwelten.de)* auf dem Ausflugsplan stehen sollten, eine 4000-Quadratmeter-Shopping-Mall, in der es nur so blitzt und funkelt.

Der *Kunstverein (kunstvereinpforzheim.de)* mit seinen regelmäßigen Ausstellungen und das *Schmuckmuseum (schmuckmuseum.de)* der Stadt sind im architektonisch reizvoll-kantigen *Reuchlinhaus (Di–So 10–17 Uhr | Jahnstr. 42)* untergebracht. Wider das Vergessen: Weniger Ostalgie als

modernes Demokratieverständnis vermittelt das *DDR-Museum (So 13–17 Uhr | Eintritt frei | Hagenschießstr. 9 | pforzheim-ddr-museum.de | ⏱ 2 Std.).* Sommerflaneuren und Familien gefällt der *Enzauenpark* am Lauf der Enz; die Einkehr im *Seehaus (Mo geschl. | Tiefenbronner Str. 201 | Tel. 0723165 11 85 | seehaus-pforzheim.de | €€)* mit Biergarten an Wasser und Waldrand rundet das Pforzheim-Erlebnis kulinarisch ab. *H2*

> **INSIDER-TIPP**
> Plaste, Elaste & der Stasihorror

22 BAD WILDBAD ⭐

20 km/25 Min. von Calw (Auto)

Tief versteckt im Enztal ruht, zufrieden mit sich selbst und scheinbar unberührt vom Trubel der Welt, das vielleicht berühmteste Kurbad (9500 Ew.) des Schwarzwalds (von Baden-Baden mal abgesehen). Beeindruckend ist

Wildline: Die Augen schön geradeaus – unter dir fällt der Blick durchs Gitter bis zu 60 m tief

das orientalisch angehauchte, architektonisch eindrucksvolle *Palais Thermal (Mo-Fr 13–22, Sa/So 10–22 Uhr | Eintritt ab 18 Euro, kein Zutritt für Kinder unter 12 | palais-thermal.de)*. Bad Wildbad strahlt Flair und kulturelle Weltläufigkeit aus, hat aber mit dem Mountainbike-Park auch ein Auge auf eher jüngeres Publikum geworfen.

Ein neues, regional in dieser Form bislang einzigartiges Highlight (es führt wirklich hoch hinaus!) ist der *Baumwipfelpfad Schwarzwald (tgl. | Eintritt 11,50 Euro | Peter-Liebig-Weg 16 | baumwipfelpfad-schwarzwald.de)*. Dessen eindrucksvolle Holzkonstruktion windet sich auf dem Sommerberg zunächst über 1,2 km durch die Baumkronen, bevor er sich in Form eines 40 m hohen Bechers, der als Aussichtsturm dient, über sie erhebt. Der Abstieg führt optional durch eine 55 m lange Röhrenrutsche.

Rein gar nichts für Höhenängstliche, Teil 2: Zum Sommerberg hin führt die fast 400 m lange, bis zu 60 m hohe und sehr, sehr aussichtsreiche Hängebrücke *Wildline (Mitte Feb.–Okt. tgl. 9–19, Nov.–Mitte Feb. tgl. 9–16 Uhr | Eintritt 9,50 Euro | wildline.de)*. Ein etwas weniger abenteuerlastiger Zuweg ist aber ebenfalls vorhanden. ⏍ G3

23 BAD TEINACH-ZAVELSTEIN
7 km/5–10 Min. von Calw (Auto)
Fast der komplette Kurort (3000 Ew.) steht unter Denkmalschutz. Das mittelalterliche Städtchen verzaubert mit autofreiem Zentrum, schönem Park mit Wasserfällen und romantischer Burgruine. Im Ortsteil Zavelstein, der eng gedrängt auf einem Bergrücken mit einer romantischen Burgruine liegt, blüht im Frühjahr auf betörende Weise der nördlich der Alpen äußerst seltene Wildkrokus. *teinachtal.de* | ⏍ H4

MITTLERER SCHWARZWALD

Das landschaftliche Highlight der Region zwischen Offenburg und Villingen ist Triberg mit seinen Wasserfällen, das touristische heißt Europa-Park. Von einem zum anderen bummeln und ruckeln – Zeit und Muße vorausgesetzt – die traditionsreichen Schwarzwald- und Rheintalbahnen.

Im Europa-Park wird dann fahrgeschäftlich ordentlich beschleunigt, die Achterbahnen (u. a. der *Silver Star*), Shows und Wasserwelten zählen zum Besten, was du weltweit in einem Freizeitpark bekom-

Wo das Mittelalter ums Eck schaut: die Gengenbacher Altstadt mit dem Obertorturm

men kannst. Ansonsten eher Beschaulichkeit: Die höchste Erhebung, der Brandenkopf (934 m) bei Oberharmersbach, schafft es nicht einmal in den Kreis der Tausender. Dafür findest du in der Schwarzwaldmitte reichlich Spuren von Tüftlern und Handwerkern: Bahn- und Bergbauingenieure, Uhrmacher, Flößer, Glasbläser, Holzschnitzer und Bollenhuterfinder waren hier einst wichtige Technologietreiber.

MITTLERER SCHWARZWALD

MARCO POLO HIGHLIGHTS

★ **TRACHTENMUSEUM**
Black-Forest-Fashion vom Strohschuh bis
zum Bollenhut in Haslach ➤ S. 74

★ **FREILICHTMUSEUM VOGTSBAUERNHOF**
Sechs Jahrhunderte Schwarzwaldgeschichte an einem Ort ➤ S. 81

★ **THYSSEN-KRUPP-TESTTURM**
Glänzende Aussichten vom Tower of
Rottweil ➤ S. 80

★ **DOROTHEENHÜTTE**
In Wolfach nimmt Glas Gestalt an. ➤ S. 77

★ **EUROPA-PARK & RULANTICA**
Das Mega-Freizeitpark-Spektakel zu
Wasser, zu Land und in der Luft ➤ S. 73

★ **ALTSTADT VON SCHILTACH**
Fachwerkromantik wie in einer
Fernsehkulisse ➤ S. 78

★ **TRIBERGER WASSERFÄLLE**
Wunder der Natur: 163 m Absturz in die
Tiefe ➤ S. 82

Schönegründ
Grömbach
Egenhausen
Röt 294
Erzgrube 28
Obertal
Heselbach
Klosterreichenbach
Pfalzgrafen-
weiler
Haiterbach
Mitteltal
Baiersbronn
Obermusbach
Unterwaldach
500
3 Renchtal
462
Untermusbach
Oberwaldach
500
Friedrichstal
Grüntal
Tumlingen
28
Kniebis
Dornstetten
Schopfloch
28
Freudenstadt
Aach
Glatten
Dießen
Bad Griesbach
Lombach
Neuneck
Dettingen
4 Bad Peterstal
Bad Rippoldsau
Loßburg
Oberbrändi
Stausee
Kleine
Kinzig
Schömberg
Wälde
Brachfeld
Schapbach
Betzweiler
Sulz
am Neckar
BADEN-WÜRTTEMBERG
Alpirsbach
Dornhan
30 km, 40 Min.
Reutin
Marschalken-
zimmern
Peterzell
13 Oberwolfach
294
Dorotheenhütte ★
15 Schenkenzell
Fluorn
Oberndorf
am Neckar
12 Wolfach
Altstadt von Schiltach ★
11 Hausach
14 Schiltach
Winzeln
Freilichtmuseum Vogtsbauernhof ★
Halbmeil
Waldmössingen
14
Harthausen
17 Gutach
Aichhalden
Heiligenbronn
Seedorf
Epfendorf
Lauterbach
Bösingen
33
Schramberg
Dunningen
462
Villingendorf
A81
19 Hornberg
75 km, 1 Std. 20 Min.
Tennenbronn
Eschbronn
Thyssen-Krupp-Testturm ★
Hardt
Flözlingen
Rottweil 16
Schonach
Buchenberg
Horgen
Hausen
21
Langenschiltach
Erdmannsweiler
20 Triberg
Königsfeld
33
Niedereschach
Triberger Wasserfälle ★
Brigach
Sankt Georgen
Schabenhausen
27
Schönwald
33
Kappel
Deißlingen
Mönchweiler
Obereschach
Dauchingen
Unterkirnach
523
500
Furtwangen
Schwenningen
Trossingen
22 Villingen
Vöhrenbach
A81
DEUTSCHLAND
Pfaffenweiler
523
5 km
Bad Dürrheim
3.11 mi
Brigachtal
27

Vielleicht ist man deshalb in dieser Schwarzwaldregion besonders nostalgisch. Die Rückbesinnung auf die handwerklichen und technischen Leistungen der Vorfahren schlägt sich in aufwendigen Freiluftmuseen, Besucherbergwerken, Glashütten und in manchem Kuckucksuhrenkult nieder.

OFFENBURG

(□ D5–6) **Die Straßen der Altstadt sind historisch gepflastert, hier startete vor mehr als 170 Jahren die Badische Revolution. Sie entsprang aus der Tiefe der freiheitlich-badischen Seele, der diese Skepsis gegenüber herrschaftlichen Autoritäten bis heute nicht abhanden gekommen ist. Überragt werden die Gebäude der Stadt (60 000 Ew.) vom Burda-Hochhaus, hier hat das Medienhaus seinen Stammsitz. Gegenüber am anderen Kinzigufer** stehen die Messehallen, schau mal in den Veranstaltungskalender! Darüber hinaus kannst du es dir in Offenburg richtig gutgehen lassen: beim gemütlichen Genussbummeln durch die Altstadt, beim Picknick in einem der wunderschönen Parks oder auf einer Wanderung durch die Weinberge, die sich ebenfalls in der Stadtmitte beginnen lässt.

WOHIN ZUERST?

Fischmarkt: Er grenzt an die Fußgängerzone, und was es in der Stadt zu sehen gibt, liegt in unmittelbarer Nähe: Ritterhausmuseum, Salmen und Zwingerpark. Die nächstgelegene Bushaltestelle heißt *Rathaus* und ist nur wenige Schritte entfernt, der Hauptbahnhof liegt zwei Stationen weiter. Autofahrer finden zentral gelegene Parkhäuser (z. B. Sparkassengarage oder Marktplatz).

SIGHTSEEING

FISCHMARKT

Zentral gelegener Marktplatz mit malerischem Gebäudeensemble, etwa der *Hirschapotheke* (1698), dem *Salzhaus* (1786) und dem *Löwenbrunnen* (1599).

MUSEUM IM RITTERHAUS

Spezialität des Hauses sind die Exponate zur Regionalgeschichte: Archäologie von der Steinzeit bis zu den Alemannen, Völkerkunde, Bergbau im Schwarzwald sowie die Sonderabteilung zur badischen Revolution 1848/49. *Di–So 10–17 Uhr | Eintritt 4,50 Euro | Ritterstr. 10 | museum-offenburg.de |* ⏱ *1 Std.*

SALMEN

Historischer Boden: Im Gasthaus Salmen wurde 1847 die badische Revolution ausgerufen. 2002 wurde der Salmen als „Denkmal von nationaler Bedeutung" der Öffentlichkeit übergeben. Es lohnt der touristische Rundgang durch die Räume (Biedermeiersaal, Salmensaal, ehemalige Synagoge). Seit Neuestem steht man dank einer spannenden Multimedia-Inszenierung mittendrin im revolutionären Geschehen von einst. Regelmäßig finden in den

Kaum zu glauben, dass vom so beschaulichen Offenburg die badische Revolution ausging

Räumen auch Konzerte, Theater und andere kulturelle Veranstaltungen statt; Informationen zu den Events im *Kulturbüro Offenburg (Weingartenstr. 34 | Tel. 0781 82 22 64 | kulturbuero.offenburg. de). Führungen nach Vereinbarung | Eintritt frei | Tel. 0781 82 27 01 | Lange Str. 54 | der-salmen.de*

STADTPARKS
Am Rand der Altstadt breiten sich der *Zwingerpark* sowie der *Bürgerpark* aus – weitläufige Anlagen mit uraltem, imposantem Baumbestand, Teichen und grünen Wiesen.

ESSEN & TRINKEN
ZAUBERFLÖTE
Ein fast schon mittelalterlicher Speisesaal mit dem wohl größten Spiegel der Stadt hinter der Bar, kleine Lounge-Ecken. Kulinarisch gibt sich das Restaurant als „Badische Brasserie" mit regionalen Tapas und Zulieferern auch aus dem nahen Elsass. Köstlicher Mittagstisch, im Sommer auch Biergarten. *Fr–Mo ab 18 Uhr | Lindenplatz 12 | haus-zauberfloete. de | €€*

ARNOLDS KAFFEEMANUFAKTUR
Jens Arnold röstet seine eigenen Bohnen am Altstadtrand und bereitet daraus seine Kaffees wie kleine Kunstwerke zu. Das gemütliche kleine Kaffeehaus, in dem er seine Spezialitäten serviert, bewahrt stilvoll die gute alte Tradition des gepflegten Müßiggangs. *Mo–Fr 9.30–18, Sa 9.30–16 Uhr | Spitalstr. 6 | arnolds-kaffeemanufaktur.de | €*

FOXX DELI

Versteckt am Rand der Innenstadt hat das kleine Design-Deli nicht nur eine einfallsreiche Frischeküche inklusive Frühstück, sondern auch ein Lädchen mit Genussgrüßen (z. B. Wein, Schnaps, Süßes und Aufstrichiges, Backwaren) aus allen möglichen Schwarzwalde-ecken am Start. Sowie hübsche Postkarten für ein paar Grüße in die Heimat. *Mo–Sa 9–14 Uhr | Freiburger Str. 41 | foxxdeli.de | €*

SPORT & SPASS

FREIZEITBAD STEGERMATT 👾 🏊

Wenige Fußminuten von der Stadtmitte empfängt dich das neue Spaßbad der Stadt. Mit Hallenbad samt Sport- und Familienbecken, Rutschen, Sprungtürmen sowie einem geräumigen Saunabereich. Im Sommer draußen mit riesiger Liegewiese und weiteren Schwimm- und Planschbecken. *Tgl. 10–22, Di/Do Frühschwimmen von 6.30–8.30 Uhr | Eintritt ab 4,30, Kinder ab 2,70 Euro | Stegermattstr. 11 | frei zeitbad-stegermatt.de*

WANDERUNG AUFS HOHE HORN

Das Freizeitbad Stegermatt ist auch Ausgangspunkt für diese 6-km-Wanderung (1,5 Std.) zum *Aussichtsturm Hohes Horn*. Der Weg führt über die Gleise, dann über die Ortenberger- und Fessenbacher-Straße in die Weinberge, wo sich schon ein erster schöner Blick über Stadt und Rheinebene bietet. In Fessenbach der Senator-Burda-Straße bis in den Wald folgen. Hier ist der Anstieg zum Hohen Horn ausgeschildert. Für die kleine Bergtour belohnst du dich mit dem Traumblick vom Hohen-Horn-Turm bis zu den Vogesen und bis Straßburg. Unterwegs verspricht die *Weinstube Schuckshof (Mi–Fr ab 17, Sa ab 15, So ab 11 Uhr | Senator-Burda-Straße 43 | weinstubeschuckshof.business.site | €–€€)* in Fessenbach herzhafte Stärkung.

AUSGEHEN & FEIERN

SCHÖLLMANN'S

Schickes Penthouse-Restaurant über den Dächern der Altstadt. Die Bar ist groß, die Einrichtung geschmackvoll modern, die Cocktail- und Getränkekarte innovativ bis experimentell. Dachterrasse für den Sommer. *Di–Do bis 24, Fr/Sa bis 1 Uhr | Hauptstr. 88 | schoellmanns.de*

RUND UM OFFENBURG

1 DURBACH

8 km/15 Min. von Offenburg (Auto)

Der malerische Weinort (3800 Ew.) hat sich mit seinen Rebhängen die Ausläufer des Schwarzwalds hinaufgeschlichen. Darüber wacht das beliebte Ausflugsziel *Schloss Staufenberg*. Der Wanderweg hinauf ist gesäumt von Esskastanienbäumen, sodass es sich lohnt, im Herbst eine Tüte zum Sammeln mitzunehmen. Oben warten das *Weingut Markgraf von Baden* mit Weinstube und Verkauf und die *Weinstube Schloss Staufenberg (April–Okt. tgl. 11–21, Nov.–*

März Do–So 11–18 Uhr | Tel. 0781 92 46 58 38 | schloss-staufenberg.de | €) mit Sonnenterrasse und sagenhafter Aussicht in die Ortenau.

In Durbach findest du auch das *Weingut Alexander Laible (Mo–Fr 14–18, Sa 9–16 Uhr sowie nach Vereinbarung | Unterweiler 48 | Tel. 0781 2 84 23 80 | weingut-alexanderlaible.de)*. Inhaber Laible zählt zu Deutschlands besten Winzern. Und falls ihr mal so richtig tafeln wollt, erwartet euch das Hotel Ritter mit seiner experimentellen Sterneküche im Restaurant *[maki:´dan] (Di–Sa 19–22 Uhr | Tal 1 | Tel. 0781 9 32 30, rechtzeitig reservieren! ritter-durbach.de | €€€)*. Das klingt japanischer als es ist, vielmehr geht es darum, Gourmetküche zu entkonventionieren und sich querbeet durch

Willkommene Invasion: Bei Durbach schleicht sich der Weinbau die Schwarzwaldhänge hoch

Weitseeing statt Sightseeing: die Schauenburg-Ruine entspannt und mit Abstand studieren

Gänge und Gerichte zu schlemmen – ein Hochgenuss voller Überraschungen. ▱ *D5*

2 OBERKIRCH

19 km/30 Min. von Offenburg (Auto)
Die Stadt (20 000 Ew.) im unteren Renchtal gehört zu den größeren Wein-, Obst- und Schnapsorten der Ortenau. Falls du gerade auf einer *Mon Chéri-Praline* rumkaust, kann es gut sein, dass die vermeintliche Piemontkirsche darin vor ein paar Monaten von einem Oberkircher Ast gepflückt wurde. Das *Touristinfobüro (Bahnhofstr. 16 | Tel. 07802 82600 | oberkirch.de)* vermittelt Brennereibesichtigungen und Obstplantagenführungen.
Der Barockdichter Hans Jakob Christoffel von Grimmelshausen war in Oberkirch zu Hause und schrieb hier „Der abentheuerliche Simplicius Simplicissimus". Das *Grimmelshausenmuseum (Di/Do 15–19, So 10–12.30 und 14–17 Uhr | Eintritt frei | Hauptstr. 32)* hält mit teuren Erstausgaben und vielen Exponaten zur badischen Geschichte und zum Alltagsleben die Erinnerung an den berühmten Sohn der Stadt wach. Eine empfehlenswerte Einkehr direkt im Zentrum: das *Barrique (Di–So ab 17, Juli/Aug. Di–Sa ab 18 Uhr | Kirchplatz 1a | Tel. 07802 706860 | barrique-oberkirch.de | €€)*. In der gemütlichen Weinstube sitzt du wie in einem urigen Keller, das Weinangebot reicht von feinen regionalen Tropfen bis hin zu internationalen, auf die eine einfallsreiche Speisekarte abgestimmt wurde. Im Sommer auch draußen! Schönes Ausflugsziel ist oberhalb der Stadt die *Burgruine Schauenburg*, wo

der Sage nach einst der Ritter Hagelsbach nicht durchs Verliesloch passte, weil er zu viel Wein getrunken hatte. Ein Tipp für den Abend ist die vielseitige Freilicht- und Kleinkunstbühne ⚑'s freche hus (burgbuehne.com), ein historischer Bau direkt an der Stadtmauer in der Apothekergasse. 🚇 D5

❸ RENCHTAL
26 km/40 Min. von Offenburg (Auto)
In südöstlicher Richtung schlängelt sich ab Oberkirch dieses landschaftliche Kleinod empor, beliebt bei Wanderern, Genießern und Mountainbikern. Im Oppenauer Ortsteil Maisach erhebt sich der 28 m hohe *Buchkopfturm* und erlaubt einen traumhaften Blick über Wald und Rheinebene. Rustikal-romantische Outdoor-Wellness bietet der umtriebige Reinhard Bosch in seinem abgelegenen Bergdorf *Bader Alm (Hinter Ibach 13 | Oppenau-Ibach | Tel. 0170 9 93 45 09 | bader-almhuette.de)* mit hölzernen Badezubern, Hüttenzauber, Oldtimer-Ausfahrten und feuriger Eventküche. 🚇 D–E5

INSIDER-TIPP
Qualitytime in der Wohlfühlkommune

❹ BAD PETERSTAL
33 km/40 Min. von Offenburg (Auto)
Bad Peterstal (2600 Ew.) ist der Jungbrunnen des Schwarzwalds. Hier, ebenso wie im benachbarten und inzwischen eingemeindeten *Bad Griesbach*, bereiten Mineralwasserhersteller die unterirdischen, angeblich energiegeladenen Kohlensäurequellen auf. Gleich neben dem erwähnten Jungbrunnen „erklingt" die *Wandersinfonie (schwarzwälder-wandersinfo*

nie.de), die Bad Peterstal zu einem der schönsten Wanderorte Deutschlands macht. Die Sinfonie setzt sich aus den drei hoch- und runterprämierten Wegen *Himmelssteig*, *Schwarzwaldsteig* und *Wiesensteig* zusammen. Von der Sinfonie in die Destillerie: Im *Tagelöhner- und Brennerei-Museum (Fr 15 Uhr | Eintritt 5,50 Euro | Kniebisstr. 5a)* wirst du durch die älteste Brennereianlage (17. Jh.) des Renchtals geführt und schlürfst bei der obligatorischen Schnapsprobe die Spezialitäten des Hauses runter.
Vom Tal aus nicht zu sehen thront am Hang das Hotel Dollenberg. Unter seinem Dach liegt der mit zwei Michelinsternen garnierte Feinschmeckertempel *Le Pavillon (Tel. 07806 7 80 | dollenberg.de | €€€)*. Hier kocht seit Jahren der sympathische Martin Herrmann, der dienstags um 19 Uhr für 52 Euro zur Küchenparty samt Livemusik einlädt.

INSIDER-TIPP
Stehimbiss in der Sterneküche

Noch weiter oben blickt man von der *Renchtalhütte (tgl. 11–23 Uhr | Rohrenbach 8 | Tel. 07806 91 00 75 | renchtalhuette.de | €–€€)* aus ins gleichnamige Tal. Draußen eine große Terrasse und ein Ziegengehege, drinnen Supertorten und -küche sowie jeden Mittwochabend (nach Anmeldung) Hüttengaudi mit Musik. 🚇 E6

❺ GENGENBACH
11 km/40 Min. von Offenburg (Rad)
Teile der mittelalterlichen Stadtbefestigung von Gengenbach (10 600 Ew.) sind noch erhalten, etwa das *Schwedentor*, das *Kinzigtor* (14 Jh.) mit sei-

nem pyramidenartigen Glockentürmchen, der *Niggelturm* und das *Haigeracher Tor*. Auf dem Marktbrunnen von 1582 steht stolz das Standbild eines geharnischten Wappenträgers. Winklig und ineinander verschachtelt sind die Fachwerkhäuschen in der *Engel-* und *Höllengasse*. Es macht Spaß, sich durch die historisch-malerischen Sträßchen der Altstadt treiben zu lassen! Ein wenig westlich der Stadt liegt im Grünen die *Waldgaststätte Ponyhof (Mi–So ab 17 Uhr, Sa/So auch mittags | Mattenhofweg 6 | Tel. 07803 14 69 | ponyhof.co | €€–€€€)* – ein kulinarischer Favorit der Einheimischen mit sensationeller Regioküche zu einem guten Preis-Leistungs-Verhältnis und großer Terrasse im Sommer. 🗺 *D6*

INSIDER-TIPP
Das Leben ist doch ein Ponyhof!

6 LAHR

18 km/30 Min. von Offenburg (Auto)
Die Stadt (43 800 Ew.) hält seit 1215 die Stellung am Ausgang des Schuttertals in die Rheinebene. Über ihre Geschichte hat das schick in einer alten Tonofenfabrik eröffnete 🏛 *Stadtmuseum (Mi–So 11–18 Uhr | Eintritt 3 Euro | Kreuzstr. 6 | stadtmuseum.lahr.de | ⏱ 2 Std.)* viel zu erzählen. Die *Lahrer Parks* wurden umfangreich aufgehübscht und ausgebaut – 2018 grünte hier die Landesgartenschau. Lahr war lange ein Zentrum des regionalen Tabakanbaus. Die Tradition des Zigarrenrollens bewahrt aromenreich 🚩 *Herr Lehmann (Mo–Fr 9–16, Sa 9–13 Uhr | Marktstraße 1 | herr-lehmann.com)*, in dessen Spezialitäten nach wie vor einheimischer Tabak verqualmt. Nicht ganz so üppig wie eine

INSIDER-TIPP
Die besten Blätter Badens

Im Europa-Park Rust gibt es Herausforderungen für Nervenkostüme von zart bis zäh

Zigarre und auch für Einstiegspaffer gut geeignet sind die ausgewogenen *Schwarzwald-Cigarillos*.

In Lahr pflegt man außerdem einen abwechslungsreichen Kulturbetrieb; was gerade an Konzerten, Theateraufführungen und weiteren Veranstaltungen über die Bühne geht, erfährst du im *KulTourBüro (Di–Fr 10–16.30, Sa 10–13 Uhr | Kaiserstr. 1 | Tel. 07821 95 02 10 | populahr.de)* im alten Rathaus. 🛒 *C6–7*

🟧 7 RUST

35 km/30 Min. von Offenburg (Auto)

Obwohl der kleine Ort selbst nicht mehr im Schwarzwald liegt, ist Rust (3800 Ew.) doch ein Muss für viele Schwarzwaldurlauber. Das Dorf lockt jährlich über 4 Mio. Besucher an mit seinem ⭐ *Europa-Park (April–Anfang Nov. tgl. 9–18, je nach Wetter auch länger, Nov.–Mitte Jan. tgl. 11–19 Uhr | Eintritt 55, Kinder bis 11 Jahre 47 Euro, 🐷 Geburtstagskinder bis 12 Jahre Eintritt frei | Tel. 07822 77 66 88 | euro papark.de).* 73 m hoch, 130 km/h schnell, das ist die Achterbahn *Silver Star* – ein wahnwitziger Thriller auf Stelzen. Konkurrenz machen ihr das Looping- und Schraubenwunder *Blue Fire* und die Holzachterbahn *Wodan*. Wildwasserbahnen, Fjordrafting, die Achterbahnen *Matterhorn-Blitz* und *Euro-Mir,* Eisshows, die riesige Flugsimulation *Voletarium*, Piratenhöhlen, Märchenwelten. Ein schauriges Gruselhighlight sind jedes Jahr die eigens dafür aufgebauten *Geisterbahnen,* in denen sehr menschliche Geister auftreten und durch die man sich zu Fuß kämpfen muss. Der Park wird regelmäßig mit Szenepreisen zugeschmissen und gilt mit Fug und Recht als einer der besten Freizeitparks der Welt. Nicht zuletzt wegen der liebevollen Gestaltung, die jedes Parkdetail erfährt – von der Klotürklinke bis zum Blumenbeet. Obendrein gehört mit dem *Ammolite (Mi–So ab 19, So auch 12–14 Uhr | Tel. 0782277 66 99 | ammolite-restaurant.de | €€€)* ein Zwei-Sterne-Gourmetleuchtturm-Restaurant zur Parklandschaft – rechtzeitig reservieren! Brandneu ist das Feinschmeckerspektakel *Eatrenalin (eatrenalin.de),* eine ausgeklügelte, revolutionäre Mischung aus Spitzenküche und Multimedia-Feuerwerk.

Erst kürzlich hat der Park nebenan seine überdachte Mega-Wasser-Erlebniswelt ⭐ 🎭 🏊 *Rulantica (tgl. 10–22 Uhr | Eintritt 42, Kinder bis 11 Jahre 39 Euro, 🐷 Geburtstagskinder bis 12 Jahre Eintritt frei | rulantica.de)* eröffnet – ein weiterer überwältigender Kulissenknaller im Skandistyle. Rund um ein zentrales, strandartiges Wellenbad breiten sich Strömungskanäle, Erlebnis- und Außenbecken sowie spektakuläre Rutschwelten aus. Das Röhrenangebot reicht vom Freifallschocker *Vildfål* über viele Gummireifengeschosse bis zum soften *Schabbernacker* im Kinderbereich. Ringsum üppiges Gastroangebot. Alles mega, auch die Menschenströme und die Wartezeiten in den Rutschentürmen. Am Abend wird´s deutlich ruhiger, zudem sind vergünstigte Abendtickets ab 17 bzw. ab 19 Uhr erhältlich. Wichtig: Sämtliche Tickets für Europa-Park und Rulantica müssen vorher online gebucht werden! 🛒 *B–C7*

HASLACH

(🗺 D7) **Das Städtchen am Knick des Kinzigtals (7100 Ew.) war von 1200–1700 das Zentrum des Schwarzwälder Silberbergbaus. Stattliche Fachwerkhäuser zeugen von einstigem Bürgerstolz und Reichtum.**

Von der bemalten Fassade des über 400 Jahre alten Rathauses blickt der berühmteste, allgegenwärtige Sohn der Stadt herab, der Pfarrer und Volksschriftsteller Heinrich Hansjakob (1837–1916). Einen lebhaften Einblick in Haslachs Geschichte erlauben die unterhaltsamen, szenischen Themenführungen wie z. B. die *Buttermarie-* oder die *Sauhirt-Tour (Buchung in der Touristinfo | Tel. 07832 70 61 72 | haslach.de).* Wer tief hineinschauen möchte in die traditionsverbundene Schwarzwaldseele, ist in Haslach und Umgebung richtig.

INSIDER-TIPP
Jetzt mal Butter bei die Schweine

SIGHTSEEING

AUSSICHTSTURM URENKOPF

Verschaff dir erstmal einen Überblick: Zu Fuß gelangst du von der Stadtmitte aus (Weg ist beschildert) in etwa 1 1/2 Stunden auf den Urenkopf. Dort oben steht der gleichnamige Turm, der einen wunderbaren Blick über die Stadt, das Kinzigtal und die umliegenden Berge erlaubt.

FREIHOF HANSJAKOB-MUSEUM

Dokumente, Schriften, Devotionalien rund um den Meister. Das Museum liegt am Stadtrand, im prächtigen Freihof, dem Altersruhesitz des Volksschriftstellers. *Mi 10–12.30 und 15–17, Fr 15–17, April–Mitte Okt. auch So 10–12.30 und 15–17 Uhr | Eintritt 3 Euro | Hansjakobstr. 17*

TRACHTENMUSEUM ⭐

In einem restaurierten ehemaligen Kapuzinerkloster (1630) vor den Stadtmauern bestaunst du, was man hier so trägt, wenn man es mit der Heimatgarderobe ernst meint. Um Peinlichkeiten bei der Partnerwahl zu vermeiden, lernst du die Bollenhutsignale kennen: rote Bollen tragen die ledigen Mädchen, schwarze die vergebenen. Die Ausstellung stellt rund 100 verschiedene regionale Outfits vor, die in Mode und Kunst wieder beliebter werden. *April–Mitte Okt. Di–So 10–12.30 und 13.30–17, Mitte Okt.–März Di–Fr 10–12.30 und 13.30–16 Uhr, im Jan. nach Vereinbarung | Eintritt 3 Euro | Im Alten Kapuzinerkloster | Tel. 07832 70 61 72 | ⏱ 1½ Std.*

INSIDER-TIPP
Finger weg von der Lady in Black!

ESSEN & TRINKEN

MOSERS BLUME

Der sympathische Familienbetrieb bietet gute heimische Gastronomie in entspanntem Ambiente. Spezialität sind hausgemachte Spätzle und frische badische Küche. Zum Gasthaus gehören eine große Terrasse und ein kleines Tiergehege. Von hier starten attraktive Mountainbike- und Wandertouren. *Tgl. | Schnellingen | Schnellingerstr. 56 | Tel. 07832 9 12 50 | mosers-blume.de | €€*

Rot oder Schwarz? Das kleine Bollenhut-Einmaleins gibt es im Haslacher Trachtenmuseum

IN VINO VERITAS

Familie Müller hat Licht in die ehemalige Küferstube Schwarz gebracht: mit hell einladendem Gastraum und einer mediterran-einfallsreich abgeschmeckten Regionalküche. Lass dir das Cordon bleu mit Schwarzwälderschinken und Bergkäse auf den Teller legen! Dazu gibt's feine badische Weine. *So/Mo geschl. | Steinacher Straße 9 | Tel. 07832 9 94 46 95 | in-vino-haslach.de | €€*

RUND UM HASLACH

⑧ ZELL AM HARMERSBACH
14 km/20 Min. von Haslach (Auto)
Auch dieser Ort (8000 Ew.) beeindruckt durch seine malerischen Fachwerkensembles. Wo sie die Hennen brennen: Tischdecker kommen wegen der *Zeller Keramik GmbH (Besichtigung mit Fabrikverkauf Mo–Fr 10–16, Sa 10–13 Uhr | Hauptstr. 48 | zeller-keramik.de)*, die das berühmte Hahn- und Henne-Geschirr herstellt. Einzigartige Taschenmesser – perfekt für die alltäglichen Herausforderungen auf einem Schwarzwaldhof – gibt's ein paar Häuser weiter in der *Messerschmiede Kneissler (So geschl. | Hauptstr. 75 | kneissler-messer. de)*. Hausherr Wilhelm Kneissler fertigt sie in seiner Werkstatt noch selbst von Hand. *D6*

⑨ OBERHARMERSBACH
17 km/20 Min. von Haslach (Auto)
Die Attraktion des Orts (2600 Ew.) ist der höchste Berg des mittleren Schwarzwalds, der Brandenkopf

(934 m), auf dessen Gipfel ein steinerner Aussichtsturm zum Blick bis über die Rheinebene und zu den Vogesen einlädt. Wer zu Fuß aufgestiegen ist, findet Erholung in der *Berggaststätte Brandenkopf (April–Sept. Mi–Mo 11–20, Okt.–März Mi–So 11–17 Uhr | Tel. 07831 6149 | brandenkopf.net | €)* direkt auf dem Gipfel. ▭ *E6*

10 SCHUTTERTAL
20 km/30 Min. von Haslach (Auto)
Als Geheimtipp unter Genusswanderern gilt das etwas abgelegene Schuttertal *(schuttertal.de).* Die Berge sind hier eher Hügel, im Frühling blühen die Obstbäume – allerorten Beschaulichkeit.
Nicht ganz einfach zu finden, aber jede Wanderreise wert ist das *Vier Jahreszeiten (So–Fr 13–18 Uhr | Michelbrunn 7 | vier-jahreszeiten-idyll. com | €)* in Schuttertal-Michelbrunn.

INSIDER-TIPP
Tortenstück am Ende der Welt

So verwunschen und versteckt wie hier sitzt du nur selten an einer Kaffeetafel mitten in der Natur! Auch mit kleinem Laden für alles, was die heimische Häuslichkeit noch schöner macht. ▭ *D7*

11 HAUSACH
6 km/5 Min. von Haslach (Auto)
Hausach (5800 Ew.) hat den Beinamen „Unter der Burg". Das geht zurück auf die *Burg Husen,* deren Ruine auf einem vorspringenden Bergrücken heute noch über dem Ort thront. Der Turm ist frei zugänglich.
Im Stadtteil Dorf bietet das neue Freilichtmuseum *Erzpoche (tgl. | Eintritt frei)* einen Einblick in die Mühsal des Bergbaus im Schwarzwald. Angeschlossen ist ein 10 km langer Bergbaupfad. Lohnend ist die Einkehr im entlegenen, dafür schwarzwaldarchi-

Von der Flößerhochburg zum Glasblas-Hotspot: Wolfach ist eher umtriebig als beschaulich

tektonisch umso imposanteren Höhengasthaus *Käppelehof (Mo/Di geschl. | Osterbach 7 | Einbach | Tel. 07831 459 | kaeppelehof-hausach. de | €–€€).* Dort tischt dir Familie Armbruster – bei bester Aussicht, falls du einen Platz auf der Sonnenterrasse ergatterst – Herzhaftes aus der hofeigenen Produktion auf. 🚏 *E7*

Und sorry Hausach, aber manchmal will man nur weg (doch es ist nicht deine Schuld …) – und zwar mit der Schwarzwaldbahn. Die Strecke vom Bahnhof Hausach nach St. Georgen zählt zu den schönsten Eisenbahnverbindungen Deutschlands: Am Waggonfenster ziehen Tunnel, Brücken und Bilderbuchpanoramen vorüber. Nach ca. 20 Min. steigst du in Triberg aus, um über den *Unteren Bahnerlebnispfad* zu wandern. Zunächst bestaunst du die alte Dampflok, die vor dem Bahnhof steht, nach der Hälfte der Tour durch die Berge betrittst du einen aus dem Wald ragenden Holzbalkon, der die Sicht auf den spektakulären Verlauf der Gleise durch die Bergwelt freigibt. Insgesamt misst der Rundweg mit seinen acht Stationen, die über Bau und Unterhaltung der Bahn informieren, sechs Kilometer.

🖩 WOLFACH

13 km/20 Min. von Haslach (Auto)

Das einstige Zentrum der Flößerei (5800 Ew.) im mittleren Schwarzwald ist heute vor allem wegen der Glasbläserei ⭐ 🌂 *Dorotheenhütte* und ihrem *Glasmuseum (tgl. 10–16 Uhr | Eintritt 6 Euro | Glashüttenweg 4 | dorotheenhuette.info | ⏱ 1½ Std.)* ein Begriff. Elegant zeigen

die Glasbläser in der zum Erlebnispark angewachsenen Traditionswerkstatt ihre Kunst. Die wagemutigen unter euch Besuchern lassen sie für 25 Euro auch selber ihre Vase blasen.

Wolfach präsentiert sich als eine Hochburg der alemannischen Fasnet, mit skurrilen Bräuchen wie dem Kaffeetantenumzug und dem Wohlaufwecken. Dabei wird der „Wohlaufmann" in aller Frühe im Bett durch die Stadt gerollt, begleitet von Hunderten Narren in Nachthemden und Schlafanzügen, die einen Höllenlärm veranstalten, bis auch der letzte Wolfacher aus dem Bett gefallen ist.

Das ganze Jahr über lohnt sich ein Bummel über die stets hübsch hergerichtete Hauptstraße mit dem mit bunten Bildern aus der Stadtgeschichte bemalten Rathaus von 1893. Nur die Autos nerven, die die Wolfacher nach wie vor durch ihr Zentrum lotsen. Einmalig ist die 👤 *Grube Clara (April–Okt. Mo–Sa 9–17, Juli/ Aug. auch So 10–17 Uhr, ggf. Schließtage, siehe aktuelle Öffnungszeiten im Internet | Erwachsene 13, Kinder 7,50 Euro | Kirnbacherstr. 3 | minerali enhalde.de),* die an die örtliche Bergbautradition erinnert und noch immer in Betrieb ist. Besucher dürfen aus dem Abraum Mineralien sammeln, Kinder sich außerdem im Goldwaschen versuchen. Cool und köstlich: Ein tolles Beispiel für junge, geschmackvolle Schwarzwaldküche ist der *Kirnbacher Hof (Untere Bahnhofstr. 6 | Tel. 07834 61 11 | kirnba cher-hof.de | €€€).* 🚏 *E7*

13 OBERWOLFACH

16 km/20 Min. von Haslach (Auto)

Oberhalb des Orts (2600 Ew.) im Wald liegt das *Besucherbergwerk Grube Wenzel (April–Okt. Di–So, in den Ferien tgl. Führungen um 11, 13, 15 Uhr | Eintritt 8,50 Euro | grube-wenzel.de)*, ein ehemaliges Silberbergwerk, das in einem rund 1 km langen Stollen besichtigt werden kann. Das *Museum für Mineralien und Mathematik (April–Okt. tgl. 11–17, Mitte Dez.–März tgl. 11–16 Uhr | Eintritt 5 Euro | Schulstr. 5 | mima.museum)* offenbart neben Mineralien aus dem Schwarzwald (u. a. aus den Gruben *Wenzel* und *Clara* in Wolfach) die arithmetischen und geometrischen Faszinationen des Mathematischen Forschungsinstituts Oberwolfach. 🕮 *E7*

14 SCHILTACH 🚩

25 km/30 Min. von Haslach (Auto)

Mit ihrer denkmalgeschützten ⭐ *Altstadt* gilt Schiltach (3800 Ew.) weiter oben im Kinzigtal als Stadt des Fachwerks, der Flößer und der Gerber. Hier steht ein Fachwerkhaus am anderen und mittendrin das über 400 Jahre alte Rathaus. In der Silvesternacht ist das Dorfzentrum besonders eindrucksvoll, wenn die Straßenbeleuchtung erlischt und die Schiltacher mit Laternen zum Silvesterzug aufbrechen.

Einmalig sind auch die Schiltacher Museen, jedes auf seine Art. Das *Apothekermuseum (Juni–Okt. Di–So 10.30–12 und 14.30–16.30 Uhr | Eintritt 3 Euro | Marktplatz 5 | ⏱ 1 Std.)* wurde in der ehemaligen Stadtapotheke eingerichtet. Original erhalten sind die biedermeierliche Wurzelholzausstattung und der Apothekerkeller mit Laboratorium und Destillationsanlage.

Direkt neben seinem Stammwerk hat der Sanitärspezialist Hansgrohe seine durchdesignte *Aquademie* eingerichtet. Dort zeigt er mit dem *Museum für Wasser, Bad und Design (Mo–Fr 7.30–18, Sa/So 11–16 Uhr | Eintritt frei | für die Showerworld tel. Anmeldung erforderlich | Auestr. 9 | Tel. 07836 51 32 72 | aquademie.de | ⏱ 2 Std.)* nicht nur die geschichtliche Entwicklung des Privatbads in den letzten knapp 150 Jahren, sondern auch die eigenen Produktinnovationen.

INSIDER-TIPP
Nass im Museum

☛ In der *Showerworld* testet ihr die unzähligen Duschsysteme in Badekleidung selbst – von der Raindance-Brause bis zur Massagedüse. Das *Museum am Markt (April–Okt. tgl. 11–17 Uhr | Eintritt frei | Marktplatz 13 | ⏱ 1 Std.)* ist ein Stadtmuseum in einem dreistöckigen Altbürgerhaus. Hier gibt es eine Film- und Hörspielvorführung zum historischen Stadtbrand und zur Hexenverbrennung. Das *Schüttesägemuseum (April–Okt. tgl. 11–17 Uhr | Eintritt frei | Gerbergasse | ⏱ 1 Std.)* präsentiert in zwei historischen Gebäuden an der Kinzig das Thema Holz in allen Facetten, vom alten Flößerhandwerk über die Sägetechniken bis hin zum Fachwerkbau und zur Gerberei.

Gastronomisch hält die *Vesperstube Schwenkenhof (April–Okt. Do/Fr ab 15, Sa/So ab 12 Uhr | 2 Apts. | Hinterlehengericht | Tel. 07836 72 13 | schwenken*

Vorsicht, Ausnahmezustand! Während der Fasnet geht es in Rottweil ziemlich wild zu

hof.de | €) mit erstklassiger Hausmacherwurst, Schwarzwälder Schinken, Holzofenbrot und Apfelmost die Schwarzwaldtraditionen hoch. ⟁ F7

15 SCHENKENZELL

29 km/35 Min. von Haslach (Auto)

Ein Netz von Wanderwegen erschließt das liebliche Tal von Schenkenzell (1800 Ew.), beliebt sind Radtouren zum nahen Stausee *Kleine Kinzig*. Am 7 km langen *Bergbaulehrpfad* entdecken Wanderer am Wegesrand hin und wieder Mineralien. ⟁ F7

16 ROTTWEIL

54 km/1 Std. von Haslach (Auto)

Für die älteste Stadt Baden-Württembergs (24 400 Ew.), im „Grenzgebiet" zur Schwäbischen Alb am Neckar gelegen, lohnt sich die weitere Anreise über das Kinzigtal hinaus. Ihre Siedlungsspuren reichen bis weit zurück in das Jahr 2000 v. Chr., später hinterließen hier die Römer ihre Spuren. Wenn du die Stadt außerhalb der wilden Fasnachtstage besuchst, ist die größte Sehenswürdigkeit die historische *Altstadt* mit ihren malerischen Häuserfronten, der barocken *Predigerkirche* und dem *Heiligkreuzmünster,* das sich dem natürlichen Gefälle der Stadt angleicht und vom Portal bis hin zum Altar um ganze 1,40 m abfällt. Das *Stadtmuseum (Di–So 14–16 Uhr | Eintritt frei | ⏱ 1 Std.)* samt hingegossenem *Rottweiler* davor – dem einheimischen Rinderhirtenhund – in der oberen Hauptstraße und das *Freilichtmuseum Römerbad (frei zugänglich)* in der Hölderstraße führen in die Stadtgeschichte von Rottweil ein. Wie

Im Freilichtmuseum Vogtsbauernhof in Gutach sammelt man Original-Schwarzwaldhöfe

das hiesige Römerleben vor rund 2000 Jahren aussah, zeigt das Untergeschoss des *Dominikanermuseums (Di–So 10–17 Uhr | Eintritt 5 Euro, Kinder frei | Kriegsdamm 4 | dominikaner museum.de |* ⏱ *1½ Std.).* Du siehst, was vom berühmten Orpheus-Mosaik übrig ist und eine typische Legionärsbewaffnung, spannend sind auch die kleinen Exkurse in die römische Alltagsküche. Kulinarisch versorgt dich zentral in der Altstadt das *Café Lehre (Di–Sa 12–14.30 und ab 18 Uhr | Waldtorstr. 5 | Tel. 0741 9410978 | lehre-rw.de | €€)* von frischen Salaten, hausgemachter Kartoffelküche und schwäbischen Klassikern bis zum nächtlichen Schlummertrunk.

Gegenwärtig übt sich Rottweil in Superlativen: Deutschlands höchste *Aussichtsplattform* ist auf dem ⭐ *Thys-*

sen-Krupp-Testturm in 232 m Höhe entstanden. Das Unternehmen testet in dem Turm Fahrstühle – dich hebt der *Panoramaaufzug (Fr–So 10–18 Uhr | 9 Euro | testturm.thyssen krupp-elevator.com)* in die Höhe. Zuletzt in Planung war außerdem eine spektakuläre Hängebrücke über das Neckartal, die Altstadt und Testturm für Fußgänger verbinden soll.

In diesem Neckartal etwas nördlich der Stadt stellten die Rottweiler seit dem Mittelalter Schießpulver her, im 19. Jh. vertrieben sie es sogar weltweit. Heute heißt das Areal *Gewerbepark Neckartal*, wird von den Einheimischen aber wegen eines Zwischenmieters im 20. Jh. bloß Rhodia genannt. Die eindrucksvolle Industrieanlage erklären zahlreiche Infotafeln, zudem haben manche Gebäude neue Bewohner ge-

funden: Im ehemaligen *Kraftwerk* (kraftwerk-rottweil.de) gehen große Konzerte, Partys und Events über die Bühne, weiter hinten ist eine *Kartbahn (Indykart | Di–Fr 16–22, Sa/So 11–22 Uhr | Fahrten ab 20 Euro | Neckartal 202 | Tel. 0741 70 02 | indykart. de)* eingezogen, deren langer Rundkurs gleich zwei Hallen durchquert.
🗺 *G–H8*

17 GUTACH

10 km/10 Min. von Haslach (Auto)

Schon die Fahrt durch das Kinzig- und das Gutachtal mit den vielen schönen Schwarzwaldhöfen links und rechts an den Hängen stimmt ein auf das, was die Besucher im ⭐ *Freilichtmuseum Vogtsbauernhof (Ende März–Anfang Nov. tgl. 9–18, Aug. bis 19 Uhr, Kassenschluss jeweils 1 Stunde früher | Eintritt 10 Euro | vogtsbauernhof.de | ⏱ 2–3 Std.)* von Gutach (2200 Ew.) erwartet. Zum original Vogtsbauernhof gesellten sich in den vergangenen Jahrzehnten viele weitere original Schwarzwaldhöfe aus anderen Gegenden, die hier entweder nach- oder wieder aufgebaut wurden.

Jetzt stehen sie mit all ihren jeweiligen Nebengebäuden – von der Hofkapelle über die Scheune, die Backstube, den Hühnerstall bis hin zum Leibgeding, dem Altersruhesitz des Altbauern, wunderhübsch beieinander. Dazwischen schnattern die Gänse und grasen die Schwarzwälder Füchse. Die neueste Errungenschaft des Museums, das sein Areal dafür extra erweitert hat, ist das ==*Effringer Schlössle*== aus dem Nordschwarzwald.

INSIDER-TIPP
Krumme Grüße aus dem Mittelalter

==Mit einem Alter von weit mehr als 600 Jahren ist es eins der ältesten Gebäude in einem deutschen Freilichtmuseum. Als die heute krummen Deckenbalken für das Schlössle geschlagen wurden,== hatte hier noch kein Mensch Ahnung von Amerika.

Regelmäßig finden große Hoffeste statt, täglich werden verschiedene Vorführungen alten Handwerks geboten, bei denen du den Holzbildhauern, Spinnern, den Spitzenklöpplerinnen, Bürstenbindern und Schnapsbrennerinnen über die Schulter schauen kannst. Zahlreiche Mitmachangebote für Kinder, besonders in den Ferien (aktuelle Termine und Aktionen auf der Webseite). Zum Vogtsbauernhof gehört auch der Museumsgasthof *Zum Hofengel (tgl. 9–18 Uhr | €)*. Direkt vor dem Museum halten die Bahn und die *Ortenau-S-Bahn (ortenau-s-bahn.de)*, die Haltestelle heißt „Gutach Freilichtmuseum".

Wer nach dem Museumsbesuch noch einen kleinen Geschwindigkeitsrausch sucht, der findet ihn auf der *Rodelbahn Gutach (April–Okt. tgl. 10–18, Nov.–März siehe Webseite | 3,80 Euro | Singersbach 1a | sommerrodelbahn-gutach.de)*. Zum Start der 300 m langen Coasterbahn hievt dich ein Lift, von dort oben flitzt du dann buchstäblich auf Schienen zu Tal. Ferien oder einfach nur ein Besuch auf dem Bauernhof im malerischen *Peterhof (Steinenbach 4 | Tel. 07833 3 10 | peterhof-gutach.de | €)* lohnen auch wegen des Fleischs der Angus-Rinder, die Familie Wälde züchtet. 🗺 *E7*

18 OBERPRECHTAL

19 km/20 Min. von Haslach (Auto)

Ein kleiner Ausflug für Feinschmecker: Die Fahrt an die Elz lohnt sich. Regionale Küche – etwa frische Forellen aus dem Flüsschen direkt vor der Tür! – auf allerhöchstem Niveau genießt du in *Schäck's Adler (Mo/Di geschl. | Waldkircher Str. 2 | Tel. 07682 12 91 | schaecks-adler.de | €€–€€€)*. Schön ist das Ambiente in einem edel-gemütlichen Gastraum mit Kachelofen, fein der Service, toll das Preis-Leistungs-Verhältnis. ▢ *E8*

19 HORNBERG

19 km/20 Min. von Haslach (Auto)

Eisenbahnfreunde bestaunen im Örtchen Hornberg (4200 Ew.) ein imposantes Bauwerk der Schwarzwaldbahn, das gewaltige *Viadukt* über das Gutachtal. Es ist 150 m lang und 15 m hoch. Sieben Bögen aus Granitquadern spannen sich über die Schlucht. Außerdem ist hier die *Schwarzwälder Pilzlehrschau (umfangreiches Seminarprogramm von Frühling bis Herbst | Werderstr. 17 | Tel. 07833 63 00 | pilzzentrum.de)* zu Hause und tastet sich mit ihren Seminaristen unter anderem an Milchlinge, Täublinge oder Heimlinge heran. ▢ *E8*

20 TRIBERG

27 km/35 Min. von Haslach (Auto)

In Triberg (4700 Ew.) locken die ★ *Triberger Wasserfälle*, eins der schönsten Naturwunder Deutschlands, in der

Kuckuck XXL: In Schonach ruft einer der weltweit größten Vögel seiner Art zur vollen Stunde

Hochsaison täglich Zehntausende von Touristen an. Entsprechend überlaufen und vollgestopft mit Buden und Souvenirshops ist das Ortszentrum. Deutschlands höchste Wasserfälle stürzen über sieben Kaskaden 163 m in die Tiefe. Es gibt die Wasserfälle aber auch ganz anders, nämlich märchenhaft verzaubert, glitzernd, starr und fast menschenleer: im Winter, wenn der Frost faszinierende Eisskulpturen aus ihnen zaubert – ein echtes Naturwunder.

INSIDER-TIPP
Bei Kälte zum Glück ein No-Go

Das ganz in der Nähe an der B 500/Hauptstraße gelegene Parkhaus beherbergt einen eigens ausgewiesenen „Männerparkplatz" – ein Gag, weil das Rückwärtseinparken dort ein wenig kniffelig ist. Die nicht ganz unchauvinistische Benennung sorgte für weltweites Aufsehen.

Im Ortsteil Schonachbach tickt die mittlerweile größte Kuckucksuhr der Welt im *Eble Uhren-Park (Ostern–Okt. Mo–Sa 9–18, So 10–18, Nov.–Ostern Mo–Sa 9–17.30, So 11–17 Uhr | Eintritt 2 Euro | Schonachbach 27 | uhrenpark.de)*. 🗺 *E8*

21 SCHONACH

30 km/35 Min. von Haslach (Auto)

Im Skidorf Schonach (4000 Ew.) befindet sich die einstmals größte Kuckucksuhr der Welt (die größte findest du inzwischen in Triberg) bei *Familie Dold (Di–So 10–12 und 13–17 Uhr | Eintritt 2 Euro | Untertalstr. 28 | 1welt groesstekuckucksuhr.de)*, wo das 3,10 mal 3,60 m große Uhrwerk in einem 7 m breiten Schwarzwaldhaus unter-

gebracht ist. Wer den Ruf des Kuckucks länger genießen möchte: Direkt nebenan vermietet die Familie auch Ferienwohnungen.

Gute Einkaufsmöglichkeiten bietet die Schwarzwalduhrenmanufaktur 🏳 *Rombach & Haas (Mo–Fr 8–12 und 14–16.30, Sa 10–12 Uhr | Sommerbergstr. 2 | blackforest-clock.de)*, die auch moderne, aber dennoch original Kuckucksuhren fertigt. Im Winter wird Schonach mit seinem und dem umliegenden Loipennetz zum märchenhaften Wintersportzentrum. 🗺 *E8*

22 VILLINGEN

45 km/45 Min. von Haslach (Auto)

Der Stadtkern von Villingen (82 000 Ew.) lohnt wegen seiner vielen denkmalgeschützten historischen Gebäude einen ausführlichen Rundgang. Infos zu Stadt- und Themenführungen hat die *Touristinfo Villingen (Rietgasse 2 | Tel. 07721 82 23 40 | villingen-schwenningen.de)*. Villingens wichtigste Sehenswürdigkeiten findet man aber auch leicht selbst: am Münsterplatz etwa das *Münster Unserer Lieben Frau* (12. Jh.) mit den zwei unterschiedlichen Türmen aus dem 15. und 16. Jh., außerdem das *Alte Rathaus*, im Renaissancestil 1534 erbaut, ebenfalls am Münsterplatz.

Weiterhin sehenswert ist das ehemalige *Franziskanerkloster* in der Rietgasse. Die unter Keltenforschern und -fans aufsehenerregenden Fundstücke im dortigen *Museum (Di–Sa 13–17, So 11–17 Uhr | Eintritt frei | franziska nermuseum.de)* stammen aus den Grabhügeln (700–300 v. Chr.), die man vor der Stadt auf dem Magdalenenberg gefunden hat. 🗺 *F–G9*

SÜDLICHER SCHWARZWALD

SOUTHERN COMFORT AUF BADISCH

Auch dieser Landstrich, dessen südlicher Teil jüngst von der Unesco zum Biosphärengebiet *(biosphaerengebiet-schwarzwald.de)* erhoben wurde, hat seinen eigenen Charakter. Mild, südländisch und sonnenverwöhnt an den Ausläufern zum Rheintal hin, herzhaft, verschroben, weltabgeschieden in den winkligen Tälern und abenteuerlichen Schluchten.

In der Mundart zeugt sich die Nähe zur Schweiz, in der Küche die Nähe zum Elsass. Die strahlende Metropole des Südschwarzwalds

Jetzt aber mal ins Land schauen – am besten vom gleichnamigen Turm ins Münstertal

heißt Freiburg, im Markgräflerland florieren Wein- und Obstbau. Das alles sorgt für eine ansteckende Lebensart, die weit über das kulinarische hinausreicht. Sie zeigt sich beim Wandern durch die Weinberge, auf der Radtour in die Berge und beim Staunen über so viel landschaftliche Schönheit.

SÜDLICHER SCHWARZWALD

Emmendingen
Sexau
Waldkirch
S. 88

17 km, 20 Min.

Denzlingen
Glottertal **4**
Gundelfingen

Freiburger Münster ⭐

Freiburg
S. 90

Zarten
Kirchzarten
Merzhausen
Au
Oberried

Sölden
Bollschweil

Schauinsland ⭐ 7
Steinwasen-Park 8

Schallstadt
Pfaffenweiler
Ehrenkirchen
Biengen

33 km, 35 Min.

Bad Krozingen
Staufen
im Breisgau
Spielweg

Tunsel

15 Heitersheim

6 Münstertal

Todtnauberg
Wieden

Buggingen
Sulzburg
Britzingen

Todtnau

Müllheim
S. 98

9 Badenweiler

14 Belchen
52 km, 1 Std. 5 Min.

Altern

Neuenweg
Schönau
im Schwarzwald
Tunau

Auggen
Lipburg
Feldberg
Marzell

10 Eggener Tal
Kaltenbach
Ried

26 km, 35 Min.

Happach
Häg

Mauchen
Schliengen
Liel
Bad Bellingen

Vogelbach
Malsburg
Sitzenkirch
Sallneck
Tegernau
Pfaffenberg

317

13 Zell im Wiesental

Rheinweiler
Kandern

11 Vogelpark Steinen

Welmlingen
Hammerstein
Wollbach

Hausen im Wiesental

Wintersweiler
Egringen

12 Schopfheim
Hasel

Istein
Efringen-Kirchen
Häuingen
Steinen
Wiechs
Wehr
Hütten

Eimeldingen
Haagen
Maulburg
Nordschwaben
518

Village-Neuf
Binzen

Niederdossenbach
Schwörstadt

Lörrach

A98

316
Weil am Rhein
Riehen
Rheinfelden
(Baden)
Möhlin

SUISSE

5 km
3.11 mi

Basel

Ihringen
Gottenheim
Umkirch
Merdingen
Sankt Nikolaus
Opfingen
Tiengen

Neuf-Brisach
Breisach am Rhein

Algolsheim
Gündlingen

Geiswasser
Oberrimsingen

FRANCE

Nambsheim
Hartheim

Fessenheim
Bremgarten

Blodelsheim
Grißheim

Zienken

Neuenburg
am Rhein

Petit-Landau

MARCO POLO HIGHLIGHTS

★ **FREIBURGER MÜNSTER**
Der schönste Turm der ganzen
Christenheit steht im Breisgau-Städtle.
➤ S. 91

★ **SCHAUINSLAND**
Freiburgs Hausberg ist das Silber- und
Sonnenkind unter den Schwarzwald-
bergen. ➤ S. 97

★ **DOM SANKT BLASIUS**
Seine mächtige Kuppel spielt geschickt
mit Symmetrien. ➤ S. 103

★ **ST. PETER**
In der Klosterbibliothek des gleichnamigen
Orts rockt der Rokoko. ➤ S. 96

★ **DEUTSCHES UHRENMUSEUM**
So tickt der Schwarzwald – in Furtwangen.
➤ S. 90

WALDKIRCH

(□ D9) **Als zweite deutsche Stadt erhielt Waldkirch (21 100 Ew.) das Prädikat „CittaSlow". Das bedeutet: Bei uns geht es gemütlich zu; wir leben und genießen.**

Die liebliche Lage am Ausgang des Elztals beschattet die imposante Kandel (1243 m). Ein gut erhaltener historischer Stadtkern gruppiert sich um den Marktplatz, auf dem mittwochs und samstags *(jeweils 7.30–12 Uhr)* ein wuseliger Wochenmarkt stattfindet.

SIGHTSEEING

BAUMKRONENWEG 👥
Hölzerne Stege erlauben einen Spaziergang auf Baumhöhe und Einblicke ins Wipfelreich der Schwarzwaldflora. Am Wegrand gibt es Erlebnisstationen wie *Der Boden lebt, Wildtierfütterungen*, einen Abenteuer- und einen Barfußpfad sowie Europas längste *Riesenröhrenrutsche (190 m | 2 Euro)*. Mai–Mitte Sept. tgl. 10–18.30, April/Okt. 12–17.30 Uhr, Einlass jeweils bis 1 Std. vor Schließung | Eintritt 6,50 Euro | baumkronenweg-waldkirch.de

ELZTALMUSEUM
Außer Exponaten zur regionalen Geschichte beherbergt der dreigeschossige Schlossbau des 18. Jhs. vor allem Material über die Elztäler Orgelbauer und ihre Geschichte. Waldkirch, Mekka des Dreh- und Jahrmarktorgelbaus, hält die Tradition mit dem alle drei Jahre *(wieder 2025)* stattfindenden *Orgelfest (orgelfest-waldkirch.de)* am Leben. Das ganze Jahr über finden regelmäßig Konzerte statt. *Mi–Sa 13–17, So 11–17 Uhr | Eintritt 4 Euro | Kirchplatz 14 | elztalmuseum.de | ⏱ 2 Std.*

SCHWARZWALDZOO 👥 🚩
Die in einen steilen Waldberg gebaute Anlage zeigt überwiegend Tiere der Gegend (außer ein paar Schildkröten), darunter eine stattliche Eulensammlung. Da gibt's für die ganze Familie viel zu schauen! *März–Okt. tgl. 9–18, Nov. tgl. 9–17 Uhr, Einlass jeweils bis 1 Std. vor Schließung | Eintritt 6,50, Kinder 3,50 Euro | Am Buchenbühl 8a | schwarzwaldzoo.de*

ESSEN & TRINKEN

STADTRAINSEE
In das idyllisch im Park am gleichnamigen See gelegene Patrizierhaus kehrt man für Kaffee und Kuchen, eine zünftige Vesperplatte, die hausgemachten Spätzle oder ein gutes Schnitzel ein. Im Sommer findet ihr zusätzlich im Freien Platz. *Mi–So ab 11 Uhr geöffnet | Goethestr. 21 | Tel. 07681 2 27 78 | stadtrainsee.de | €€*

RUND UM WALDKIRCH

1 KANDEL
14 km/15 Min. von Waldkirch (Auto)
Der Sport- und Panoramaberg des Elztals bietet in 1241 m Höhe eine

tolle Aussicht. Hier starten die Drachenflieger, hier treffen sich Alpinisten am großen *Kandelfelsen* zum Klettern.

INSIDER-TIPP
Der Gipfel des Schmerzes

Die 12 km lange und teilweise richtig steile Auffahrt von Waldkirch zum Gipfel überwindet fast 1000 Höhenmeter und ist für Radlamateure eine der größten Herausforderungen im ganzen Schwarzwald. *D9*

2 GÜTENBACH

21 km/25 Min. von Waldkirch (Auto)

Das Örtchen (1200 Ew.) ist die Heimat der Faller-Häuschen, die wohl nicht nur Miniatureisenbahnfans ein Begriff sind. Ein Shop befindet sich im *Hausmuseum (Mi–Fr 11–16, Sa 11–15 Uhr | Eintritt frei | Kreuzstr. 9 | faller.de)*, in dem ganze Miniaturwelten aufgebaut sind.

Von Gütenbach aus erreichst du in einer gemütlichen Stunde zu Fuß das anrührende Naturdenkmal *Balzer Herrgott* – eine Christusfigur am Kreuz, die über die letzten zwei Jahrhunderte von einer Buche so umschlossen wurde, dass heute nur noch der Kopf des leidvoll blickenden Jesu herausragt.

Südwestlich lohnt sich auf jeden Fall die Wanderung ins *Wildgutachtal*, zur Mutter aller Schwarzwaldmühlen, der fast 200 Jahre alten *Hexenlochmühle (tgl. 10–18 Uhr | Hexenlochstr. 13–14 | hexenlochmuehle.de)* an einem plätschernden Wildbach. Drinnen in der Mühle widmet sich die *Schwarzwaldstube (Tel. 07723 7322 | €–€€)* den kulinarischen Bedürfnissen; die alte

Von grünen Mächten wunderbar geborgen: der Balzer Herrgott in Gütenbach

Handel und Kirche in bildschöner Eintracht: das historische Kaufhaus blickt aufs Münster

Sägemühle kann besichtigt und im Lädele Einheimisches erstanden werden. *E9*

3 FURTWANGEN

28 km/35 Min. von Waldkirch (Auto)

Kurz hinter Waldkirch zweigt vom Elztal das kurvenreiche Simonswäldertal ab und mit ihm die Deutsche Uhrenstraße. Der Name hat seinen Grund, denn auf ihr erreicht man über viele Serpentinen die Uhrmacherstadt Furtwangen (9200 Ew.) mit dem ★ *Deutschen Uhrenmuseum (April–Okt. Di–So 9–18, Nov.–März Di–So 10–17 Uhr | Eintritt 7 Euro | Robert-Gerwig-Platz 1 | deutsches-uhrenmuseum.de).* Vom Nachbau der Sternenuhr in Stonehenge über chinesische Feueruhren bis hin zur Schwarzwälder Tüftleruhr

ist alles vertreten, was die Uhrmacherkunst hervorgebracht hat. *E9*

FREIBURG

(C9–10) **Im Breisgau-Städtle (220 000 Ew.) kommen südländisches Flair und badische Gemütlichkeit zusammen.**

Durch die vorbildlich restaurierte historische Altstadt plätschern die mittelalterlichen *Bächle* (offene Kanäle, durch die einst das Abwasser floss), Studenten bummeln über den fantastischen Münsterplatz; draußen am Flugplatz kickt der SC Freiburg; im Gewerbegebiet Haid mit avantgardistischen Industriebauten sitzen die Tüftler der Solarfabrik; in den westlichen Stadtteilen Sankt Georgen, Lehen und Opfingen diskutieren die Alteingesessenen die Qualität des Weinjahrgangs und neue Spargelrezepte. Einen grandiosen Rundblick

WOHIN ZUERST?

Altstadt: Von Münster-, Augustiner- oder Rathausplatz aus sind alle Sehenswürdigkeiten und die Einkaufsmeile Kaiser-Joseph-Straße zu Fuß zu erreichen. Ringsum gibt es Parkhäuser (z. B. Uni-Parkhaus und Schlossberggarage). Stressfreier geht's per Straßenbahn bis zum zentralen „Bertoldsbrunnen", zwei Stationen nach dem Hauptbahnhof.

Archäologisches Museum • Drexlers • Colombipark • Hemingway • FREIBURG • Friedrichring • Stadtgarten • Leopoldring • Das Landkartenhaus • Auf der Zinnen • Münstermarkt • **Freiburger Münster** ⭐ • Altstadt • Jazzhaus • Platz der Alten Synagoge • Kaiser-Joseph-Straße • Augustinermuseum • Schlappen • Museum Natur und Mensch • Feierling • Fischerei Schwab • One Trick Pony • Mundenhof • Alleegarten • Dreisamradweg • Sankt Valentin • Leo-Wohleb-Str.

250 m
273 yd

auf diese Perle hast du vom Aussichtsturm auf dem Schlossberg.

SIGHTSEEING

ALTSTADT

Sie ist komplett als Fußgängerzone ausgewiesen, fast alle Straßen und Gässchen, ebenso der zentrale Münsterplatz sind nach historischem Vorbild mit Rheinkiesel gepflastert. Du triffst an jeder Ecke auf geschichtsträchtige Gebäude – das Martinstor und das Schwabentor sind als Reste der historischen Stadtbefestigung besonders markant. Vom Schwabentor aus gelangt man rechts in die obere Altstadt, in der in schmalen Gassen ein krummes Haus am anderen klebt. Nach links folgt man dem Gewerbekanal in die Gerberau und Fischerau,

einstige Handwerkerviertel, in denen jetzt schöne Läden, kleine Cafés und Kneipen locken. Betrittst du die Altstadt durch das Martinstor, dann landest du direkt in der Haupteinkaufsmeile, der Kaiser-Joseph-Straße.

FREIBURGER MÜNSTER ⭐

116 m hoch ragt das Wahrzeichen Freiburgs, der Münsterturm, in den Himmel. Das Münster selbst, eine vollendete Komposition aus gotischer und romanischer Architektur, ist über 700 Jahre alt, der Turm mit dem luftigen achteckigen Oberbau gilt als Höhepunkt gotischer Baukunst in Deutschland. Der gesamte Bau ist überaus reich mit Skulpturen besetzt, etwa skurrile Wasserspeier mit vielfältig-dämonischen Fratzen. An der prachtvollen Glaskunst in den Fens-

Junges Leben – alte Substanz: Das passt auch am Freiburger Münsterplatz gut zusammen

tern zeigt sich Freiburgs einstiger Silberreichtum. Jeden Samstag zwischen Ostern und Weihnachten erklingt von 11.30–11.55 Uhr die kostenlose *Orgelmusik zur Marktzeit* – eine Gratishörprobe vom imposanten Instrument. Der *Münsterturm (Di–Sa 10–16, So 13–17 Uhr | Eintritt 5 Euro)* ist erklimmbar und bietet eine fantastische Aussicht über Stadt, Kaiserstuhl und Rheinebene. Den malerischen Münsterplatz säumen sehenswerte Bauten, etwa das *historische Kaufhaus*, das *Kornhaus*, die *Alte Wache*. Links vom Haupteingang zum Münster reihen sich vormittags (außer So) die *Bratwurstbuden* aneinander. Iss unbedingt die kultige *Lange Rote* im Weckle, die Grillmeisterfrage „mit oder ohne?" bezieht sich auf die optionalen Zwiebeln.

INSIDER-TIPP
Pflichtimbiss für Nicht-Vegetarier

Fr/Sa Führung 14 Uhr | 8 Euro | freiburgermuenster.info

AUGUSTINERMUSEUM

Freiburgs größtes Museum, das auch architektonisch ein Schmuckstück ist, zeigt mittelalterliche Kunst und Malerei des 19. Jhs., aber auch Meisterwerke von Lucas Cranach dem Älteren, Hans Baldung Grien, Matthias Grünewald sowie Hans Thoma. Zwischendurch aufsehenerregende Sonderausstellungen. *Di–So 10–17 Uhr | Eintritt 8 Euro | Augustinerplatz 1–3 | ⊙ 2 Std.*

MUSEUM NATUR UND MENSCH 👥

Wie und wann entwickelte sich das Leben in den Regionen auf unserem Planeten? Dieser Frage stellt sich im einstigen Adelhausermuseum die durchweg familienfreundlich gestaltete Ausstellung, die in den kommen-

SÜDLICHER SCHWARZWALD

den Jahren noch erweitert werden soll. Wechselnde Sonderausstellungen.

INSIDER-TIPP
Flauschig-gelbe Schlüpferparade

Ein Highlight für Kinder ist im März die Kükenausstellung, während der unzählige Hühnersprösslinge aus ihren Eiern hervorkommen. *Di 10–19, Mi–So 10–17 Uhr | Eintritt 5, Kinder 3 Euro | Gerberau 32 | ◎ 1–2 Std.*

ARCHÄOLOGISCHES MUSEUM
Im eleganten Colombi-Schlössle zwischen Freiburger Altstadt und Hauptbahnhof schlummern Schätze aus der regionalen Vergangenheit, sie reicht von der Steinzeit bis ins Mittelalter. Auch hier finden regelmäßig Sonderausstellungen statt, bei denen man sich schon mal einen Römerhelm überstülpen darf. *Di–So 10–17, Mi 10–19 Uhr | Eintritt 5 Euro | Rotteckring 5 | ◎ 1–2 Std.*

MUNDENHOF 🐾 🐄
Die Freiburger lieben ihren Mundenhof – ein weitläufiger Zoo u.a. mit Trampeltieren, Lamas, Ziegen, Bisons, Affen und den sehr beliebten Erdmännchen. Es gibt nicht nur viel zu gucken, sondern auch genügend Platz, um auf schattigen Wegen zu spazieren, sich auf Spielplätzen auszutoben und die *Hofwirtschaft* zu konsultieren. Die großen Veranstaltungen wie zum Beispiel das Mittsommer-, das Esel- und das Große Herbstfest wirken ebenfalls sehr magnetisch auf die Einheimischen. *Tgl. | Eintritt frei (Parkgebühr Mo–Fr 5, Sa/So 10 Euro) | Mundenhof 37 | mundenhof.de | ◎ 2–3 Std.*

ESSEN & TRINKEN

DREXLERS
Der kulinarische Ableger einer alteingesessenen Freiburger Weinhandlung serviert saisonale, frische Küche in modernem Bistro-Ambiente. Entsprechend großes Weinangebot mit kompetenter Beratung. *So/Di/Mi geschl. | Rosastr. 9 | Tel. 0761 5 95 72 03 | drexlers-restaurant.de | €€–€€€*

FEIERLING
Die kleine Brauerei am Augustinerplatz (gegenüber dem Kinderspielplatz) empfängt dich das ganze Jahr über mit naturtrübem *Inselhopf*. Das Angebot aus der Küche tritt damit in herzhafte Korrespondenz. Besonders beliebt ist sommers der große *Biergarten (März–Herbst, je nach Witterung)* unter Kastanien. *Tgl. 11–24, Fr/Sa bis 1 Uhr | Gerberau 46 | Tel. 0761 24 34 80 | feierling.de | €–€€*

FISCHEREI SCHWAB
Ja, Freiburg hat auch eine maritime Seite! In ihrem altstädtischen Feinkostladen steht Familie Schwab hinter einer der (nachweislich) besten Fischtheken Deutschlands. Die Fischbrötchen, Salate und ausgesuchten Kleinigkeiten, die du hier genießt, importieren das Küstenfeeling ruckzuck nach Südbaden. *Di/Mi 9.30–14, Do/Fr 9.30–18.30, Sa 8–14 Uhr | Herrenstr. 55 | fischerei-schwab.de | €*

SANKT VALENTIN
Die Ausflugswirtschaft (seit dem 16. Jh.) liegt versteckt im Wald in Gün-

terstal (an der Straße zum Schauins-land am Ortsausgang links ausge-schildert).

Ein still gelegenes Fleckchen unter Bäumen mit viel Platz auf der Ter-rasse und einer gemütlichen Stube. Berühmt sind hier die Pfannku-chen-Spezialitäten, in der Saison auch Wild. Nachmittags Kaffee und Kuchen. *Mi–So 12–23 Uhr | Valentinstr. 100 | Tel. 0761 70 77 748 | sanktvalentin. eu | €–€€*

SHOPPEN

KAISER-JOSEPH-STRASSE
Trotz Kaufhaus- und Handelskettendo-minanz ist die Fußgängerzone *KaJo* mit ihren zahlreichen kleinen Quer-straßen immer noch Südbadens inte-ressanteste Einkaufsmeile.

DAS LANDKARTENHAUS
Old-School-Traveler und Geo-Hap-tiker kommen aus dem Stöbern in diesem kleinen Altstadtladen gar nicht mehr heraus: Karten in allen Größen und sogar mit Reliefs, Glo-ben, Atlanten, Reiseliteratur und so weiter. Hier wird die Reiselust ge-weckt – auch für später! *Mo–Sa 10–18 Uhr | Schiffstr. 6 | das-landkarten haus.de*

MÜNSTERMARKT ⚑
Wer wissen will, wie Südbaden schmeckt, der findet hier die ganze Palette heimischer Erzeugnisse: Obst, Gemüse, Fleisch, Wein, Schnäpse, Kräuter und Kunsthandwerk. *Mo–Fr 7.30–13.30, Sa 7.30–14 Uhr*

SPORT & SPASS

BLOCKHAUS 👫 👕
Freiburgs große Boulderhalle. Hun-derte Routen für Anfänger bis Speed-climber, umfangreiches Angebot auch für Kinder wie z. B eine eigene Junior-kletterwand. Dazu Verleih, Shop und Bistro. *Tgl. 9–23 Uhr | Eintritt 13, Kin-der 11 Euro | Merdinger Weg 6 | block haus-freiburg.de*

FREISPIEL 👕
In dieser „Ludothek" finden gesellige Knobler eine riesige Auswahl an aktu-ellen Brett-, Karten-, Familien- und aufwendigsten Strategiespielen, die sie direkt im Laden testen können (Re-servierung empfohlen!). Dazu gibt's leckeren Kaffee, softe Drinks und ve-gane Snacks. Und selbstverständlich dürfen die Spiele allesamt auch ge-kauft werden! *Mo–Do 11–23, Fr/Sa 11–24 Uhr | Lehener Str. 15 | Tel. 0761 59 51 64 26 | freispiel-freiburg.de*

WAKEPARK TUNISEE
Direkt an der Autobahnausfahrt Frei-burg-Nord (A5) liegt der Tunisee. Da-rüber zieht ein eigener Lift die Wake-boarder und Wasserski-Fahrer. Die Ausrüstung kann vor Ort geliehen werden. Einfach nur baden geht aber auch. *April–Okt., aktuelle Öffnungszei-ten auf der Website | Seestr. 28 | wake park-tunisee.de*

AUSGEHEN & FEIERN

ONE TRICK PONY
Kein Kraut, kein Gemüse, kein Gewürz ist hier davor sicher, in einem fantasie-

In und um die Kaiser-Joseph-Straße – kurz KaJo – gibt es Konventionelles wie Individuelles

vollen Aggregatzustand im Shaker zu landen. Die preisgekrönte Kellerbar in Schwabentornähe hebt das Cocktailmixen auf ein neues Aromenlevel – pure Alchemie! *Mo–Sa 19–1 Uhr | Oberlinden 8 | onetrickpony.bar*

SCHLAPPEN

Wenn ältere Studenten den Erstsemestlern die Kneipenszene zeigen wollen, starten sie hier. Jahre später begießen sie alle ihren Abschluss wieder hier. Die Freiburger Kultkneipe mit großer Whisky-, kleiner Speisekarte und dem berühmtesten Herren-Pissoir der Stadt – einem riesigen Spiegel. *Mo–Do 12–1, Fr 12–3, Sa 11–3, So 15–0 Uhr | Löwenstr. 2 | schlappen.com*

JAZZHAUS

Die Jazzkellerkneipe in dem einzigartigen Backsteingewölbe bietet Musikfans wechselndes Liveprogramm. *Variierende Öffnungszeiten s. Website | Schnewlinstr. 1 | jazzhaus.de*

HEMINGWAY

Die Cocktailbar im spektakulären Gewölbekeller des Hotels Victoria ist Sammelbecken für all diejenigen, die gern gediegen durch die Nacht rauschen. *Mi–So ab 18 Uhr | Eisenbahnstr. 54 | hemingway-freiburg.de*

RUND UM FREIBURG

4 GLOTTERTAL

13 km/20 Min. von Freiburg (Auto)
Seine Karriere als schöner Schauplatz in der Fernsehserie „Schwarzwaldklinik" hat dem Glottertal (3100 Ew.) die *Klausjürgen-Wussow-Brücke* beschert,

ansonsten aber seinem Charme als malerisch-genussfreudiges Ausflugsziel wenig anhaben können. Im unberührteren *Oberglottertal* liegt abseits des Trubels der *Dilgerhof (Mo–Sa 15–22 Uhr | Am Kandelbächle 22 | Tel. 07684 12 41 | dilgerhof-glottertal.de | €)*, eine urgemütliche Bauernwirtschaft mit herzhaftem und überdachter Terrasse mit Traumblick. *D9*

5 SANKT PETER ⭐
21 km/30 Min. von Freiburg (Auto)
Das Kloster des Orts Sankt Peter (2500 Ew.), das schon 1093 gegründet wurde, ist bis heute ein kulturelles und geistliches Zentrum der Region geblieben. Die schöne *Klosterkirche*, im Barockstil nach einem Brand 1724–1727 neu errichtet, birgt ein sehenswertes Chorgitter, Gestühl, Stukkaturen und Deckengemälde. In der 1806 aufgehobenen Benediktinerabtei sind zwischenzeitlich verschiedene Einrichtungen der Erzdiözese Freiburg eingezogen. Die elegante Rokokobibliothek mit Handschriften aus dem 13. Jh., ihren Wand- und Deckenmalereien und der kunstvollen Möblierung ist nichts weniger als atemberaubend und eins der beliebtesten Fotomotive im gesamten Schwarzwald. Die Bibliothek sowie der Fürstensaal können im Rahmen von *Führungen (Di 11, Do 15, So 11.30 Uhr | Eintritt 6 Euro)* besichtigt werden. Das Kloster bietet das ganze Jahr über ein erlesenes klassisches Konzertprogramm *(barockkirche-st-peter.de)* an. Sehr gediegen vereint die *Sonne St. Peter (Mo/Di geschl. | Zähringer Str. 2 | Tel. 07660 9 40 10 | sonne-schwarzwald.de | €€€)*

das kulinarische Gestern und Heute – sowohl in der Küche als auch im hellen Restaurantambiente. Probier das Biomenü und wirf auch mal einen Blick in die „Badische Karte"! *D9*

6 MÜNSTERTAL
20 km/30 Min. von Freiburg (Auto)
Am Eingang zu dem abgelegenen Tal südlich von Freiburg ruht die mittelalterlich erhaltene Fauststadt *Staufen* (8100 Ew.) mit Burgruine und malerischer Innenstadt. Es heißt, in der Stadt habe vor einem halben Jahrtausend der geheimnisvolle Gelehrte Johann Georg Faust gelebt, der später Goethe zum gleichnamigen Stück inspirierte. An heißen Tagen solltest du im Eiscafé *Kalte Sophie (Hauptstr. 41 | kalte-sophie.de)* runterkühlen. Hochprozentige Wässerchen stellt die *Großbrennerei Schladerer (Mo–Fr 10–13 und 14–18, Sa 10–16 Uhr, Führungen nach Anmeldung | Tel. 07633 8 32 92 | schladerer.de)* her, die in Staufen ihren Stammsitz und einen Werksverkauf hat.
Das Örtchen *Münstertal* (5000 Ew.) zieht sich zwischen den Flanken der Schwarzwaldriesen Belchen und Schauinsland bis auf 1400 m empor. Auf trutziger Höhe sitzt seit Jahrhunderten mit stoischer Ruhe das *Benediktinerkloster Sankt Trudpert*. Schon im Mittelalter wurde im *Schaubergwerk Teufelsgrund (April–Okt. Di, Do, Sa 10–16, So 13–16, Juli und Aug. auch Mi und Fr 13–16 Uhr | Eintritt 6 Euro | Mulden 71 | besuchsbergwerk-teufelsgrund.de)* Silber abgebaut. Man erfährt davon in einem Video, bevor es hinab in den 700 m langen Schindlerstollen geht. Einen Abste-

cher lohnt das Münstertaler *Bienen-kundemuseum (Mi, Sa, So 14–17 Uhr | Eintritt 3 Euro | Spielweg 55 | bienenkundemuseum.de).*

Viele kommen jedoch nur wegen des *Romantikhotels Spielweg (Mo/Di nur kleine Karte | Tel. 07636 70 90 | spielweg.com | €€€)* ins Münstertal, das mit überdurchschnittlicher und experimentierfreudiger Küche sowie Spezialitäten aus eigener Käserei glänzt. Familie Fuchs, mit Viki und Kristin inzwischen in sechster Generation am Start, legt Wert auf regionale, einwandfrei erzeugte Produkte und ist ein Slow-Food-Förderer. *C10–11*

7 SCHAUINSLAND ⭐

10 km/25 Min. von Freiburg (Stadtbahn 2 Günterstal und Bus Linie 21)
Den Gipfel des Freiburger Hausbergs (1284 m), dessen Aussichtsturm einen

einzigartigen Blick auf die Stadt, das Rheintal, die Vogesen und den Südschwarzwald bietet, erreichst du mit der *Schauinsland-Gondelbahn (tgl. 9–17 Uhr | einfache Fahrt 10, Berg- und Talfahrt 13,50 Euro | schauinslandbahn.de).* Oben angekommen solltest du nicht vergessen, auch von der Küche der *Bergstation (Mi–So 9.30–17 Uhr | diebergstation.de | €)* zu kosten – inklusive Sonnenterrasse mit Traumaussicht.

Nimm den Abstieg zu Fuß oder über 8 km mit einem *Downhill-Roller (eine Art Tretroller mit Mountainbikereifen für Erwachsene | Mai/Juni So, Juli–Okt. Sa/So, Start 14 Uhr an der Bergstation Schauinslandbahn | 30 Euro inkl. Leihroller und Schutzausrüstung | ab 12 Jahre | telefonische Anmeldung empfohlen | Tel. 0761 2 64 68 | rollerstrecke.de)* in Angriff. Das ☂ *Museumsbergwerk Schauinsland (Mai–Okt. Mi,*

Wo auch der Weg Ziel ist: Schon die Seilbahn zum Schauinsland bietet tolle Ausblicke

Sa, So, Juli/Aug. tgl. Führungen von 11.30–15.30 Uhr, Führungen von 45 Min. bis 2,5 Std. Dauer | ab 7 Euro | schauinsland.de) gibt Einblicke in fast 800 sehr silbrige Jahre Bergbautradition. Eine kulinarisch erfreuliche Einkehr auf der Höhe bietet der *Zähringer Hof (Mo/Di geschl. | Stohren 10 | Tel. 07602 2 56 | zaehringerhof.de | €€–€€€)* auf dem Weg ins Münstertal – erstklassige Regionalküche, hier ist ein Überzeugungstäter am Werk. *C10*

8 STEINWASEN-PARK 🎭
25 km/30 Min. von Freiburg (Auto)
Das Ausflugsziel für Familien bei Oberried bei Freiburg ist ein Mix aus Zoo, Wild- und Freizeitpark. Das macht den in einer felsigen Bergwelt angelegten Park so spannend. Es gibt u. a. eine Sommerrodelbahn, den achterbahnähnlichen *Gletscherblitz* und den *Spacerunner. April–Juni, Sept./Okt. 10–17, Juli/Aug. 9–18 Uhr | Eintritt inkl. Fahrgeschäfte 25, Kinder bis 11 Jahre 21 Euro | Steinwasen 1 | Oberried | steinwasen-park.de | D10*

MÜLLHEIM

(B11) **Schon die Römer wussten das liebliche Klima am Rand der Rheinebene zu schätzen und brachten den Weinbau in Region und Stadt.**
Müllheim (19 200 Ew.) findest du mitten im Markgräflerland, einem äußerst genussfreudigen Fleckchen Erde, in dem neben den Winzern auch die Obstbauern ihr Auskommen haben. Gerne werden aus den hiesigen Früchten richtig gute Schnäpse gebrannt. Müllheims Zentrum breitet sich rund um den Marktplatz in der Altstadt aus, die der Klemmbach durchströmt. Man nimmt Platz und trinkt ein Gläschen Gutedel. Das mediterrane Lebensgefühl illustrieren die omnipräsenten Olivenbäume und Oleander in großen Töpfen.

SIGHTSEEING

MARKGRÄFLER MUSEUM
Im klassizistischen *Blankenhorn Palais* in der Altstadt gehst du der Geschichte Müllheims auf den Grund: Im Erdgeschoss liegt der Fokus auf regionaler Geologie und Archäologie. Exponate aus der Eisen- und der Römerzeit künden von der frühen Besiedlung der Stadt. Die Obergeschosse präsentieren einstige Markgräfler Wohnkultur, in der sehr sehenswerten Galerie hängen die Gemälde von Künstlern aus der Gegend. *Mi–Sa 14–18, So 11–18 Uhr | Eintritt 3 Euro | Wilhelmstr. 7 | markgraefler-museum.de | ⏱ 1–2 Std.*

WEINETIKETTEN-MUSEUM
Der Markgräfler Thomas Wangler hat in seinem ganzen Leben 120 000 Weinetiketten aus aller Welt gesammelt. Das älteste darunter ist 200 Jahre alt. Eine (stets wechselnde) Auswahl davon findest du in den Räumen des *Weinguts Dr. Schneider* im Müllheimer Ortsteil Zunzingen – garniert mit bacchantisch-diabolischen Zeichnungen des Straßburger Künstlers Tomi Ungerer. Und natürlich darfst du

auch ein gutes Gläschen probieren! *Mo–Sa 14–18 Uhr | Eintritt frei | Rosenbergstr. 10 | weingut-dr-schneider.de | ⏱ 1 Std.*

ESSEN & TRINKEN

ALTES SPITAL

Vor rund 150 Jahren diente der eindrucksvolle Bau in der Stadtmitte als Krankenhaus, inzwischen hat darin ein Hotel mit Restaurant eröffnet. In der historischen Halle nippst du lässig-gediegen an deinem Drink oder genießt die souveräne, bodenständige Küche. Im Sommer auch draußen! *Tgl. | Hauptstr. 78 | Tel. 07631 9 89 99 88 | spitalhotel.de | €€*

MESSER & GRADEL

Hausherr Markus Gradel sorgt für international abgeschmeckte Genussmomente von früh bis spät, sein wunderbares Wirtshaus verwandelt sich im Tagesverlauf vom Frühstückscafé in ein Kaffeehaus, vom Lunchbistro in eine Tapasbar und ganz am Ende in ein Genussasyl im Kerzenschein für den Schlummertrunk. *Mo–Fr 9–23 Uhr | Goethestraße 10 | Tel. 07631 1 00 60 | messerundgradel.de | €–€€€*

ZUM OCHSEN

Im Ortsteil Feldberg kostest du auf diesem alten Hof badische Küche, wie man sie sich besser kaum wünschen kann: Im Frühsommer wird der Spargel geschmackvoll durchdekliniert, im Herbst das Wild aus den Wäldern. Dazu weiß man auch Kutteln und „Leberle" zuzubereiten, fein garniert mit Grünzeug und Kohlenhydraten à la

Seit den alten Römern macht Müllheim in Wein – mit sehr feinem Ergebnis

Region. Im Sommer schlemmst du im üppig blühenden Garten. *Mi/Do geschl. | Bürgelnstr. 32 | Tel. 07631 35 03 | ochsen-feldberg.de | €€*

SHOPPEN

WEINGÜTER ☂

Folg der L 125 von Müllheim über Zunzingen und Britzingen zwischen den Rebhängen hindurch nach Laufen (schön auch mit dem Rad!): Entlang der Straße reiht sich ein Winzer an den anderen, frag nach einer Weinprobe. Weitere Müllheimer Weingüter findest du auf *muellheim-touristik.de/wein*.

WOCHENMARKT ⚑

Was die Region landwirtschaftlich und handwerklich zu bieten hat, gibt es dienstags, freitags und samstags von 8 bis 12.30 Uhr auf dem Marktplatz.

SPORT & SPASS

MARKGRÄFLER ROLLERTOUREN

Roller dir einen: Im Ortsteil Hügelheim verkauft man Tretroller in Fahrradgröße, die sind nicht nur klimaneutral, sondern auch kettenfrei. Falls du erstmal schnuppern möchtest, werden sie im benachbarten Badenweiler auch verliehen, inklusive Tipps für besonders schöne Touren durch die Reben. *Verkauf nach Vereinbarung | Höllbergstr. 17 | Hügelheim | Tel. 0174 3 42 83 02 | markgraefler-rollertouren. de*

RUND UM MÜLLHEIM

9 BADENWEILER

5 km/10 Min. von Müllheim (Auto)

Die Römer wussten schon vor knapp 2000 Jahren das hiesige Thermalwasser zu schätzen. Spektakuläres Zeugnis davon: die Grabungsstätte *Römische Badruine (April–Okt. 10–19, Nov.–März 10–17 Uhr | Eintritt 3 Euro | badruine-badenweiler.de | ⏱ 1½ Std.)*, die ein großes Glasdach schützt. Das moderne Pendant bildet die *Cassiopeia-Therme (Mo–Mi 9–20, letzter Einlass 18.45, Do–So 9–22, letzter Einlass*

20.45 Uhr | Eintritt ab 11 Euro | cassiopeiatherme.de). 🗺 *B11*

10 EGGENER TAL

5 km/10 Min. von Müllheim (Auto)

Besonders zur Obstblüte im Frühjahr („Blütentelefon" ab März wochenaktuell unter bluetentelefon.de), wenn die Bäume wie unzählige Wattebäusche auf Zahnstochern das Tal schmücken, seufzt so mancher Wanderer ob der Schönheit dieses Landstrichs auf.

INSIDER-TIPP

Schmacht, schmacht, die Blütenpracht!

Über das Tal wacht *Schloss Bürgeln (schlossbuergeln.de)*, wo man dir Kaffee, Kuchen, Vespereien, Führungen durch ein herrschaftliches Ambiente und eine grandiose Aussicht serviert. 🗺 *B11*

11 VOGELPARK STEINEN 👥

25 km/30 Min. von Müllheim (Auto)

Der Park bietet eine Sammlung von 300 Vogelarten aus aller Welt und Greifvogelvorführungen. *April–Okt. tgl. 10–17 Uhr | Eintritt 19. Kinder 10 Euro | vogelpark-steinen.de | 🗺 C12*

12 SCHOPFHEIM

33 km/40 Min. von Müllheim (Auto)

Der Eingang des Wiesentals (18 800 Ew.) war einst durch die Textilindustrie reich geworden. Auch wenn sie an Bedeutung verloren hat, geblieben ist eine hübsche, verwinkelte Altstadt mit netten kleinen Cafés und Geschäften. Von Gemeinde und Land ringsum berichtet das *Stadtmuseum (Mi 14–17, Sa 10–17, So 11–17 Uhr | Eintritt 3 Euro | Wallstr. 10)*. In der In-

SÜDLICHER SCHWARZWALD

Über den Wolken ... sieht man die Alpen: der Blick vom Belchen

INSIDER-TIPP
Kirsch-wässerle im Weihnachts-gebäck

nenstadt befindet sich das *Café Trefzger* (Di–Fr 7–18, Sa 6.30–14, So 6.30–18 Uhr | *Pflughof 21 | €)*, dessen Inhaber einen S c h w a r z w ä l d e r - Kirsch-Stollen erfunden hat, den du hier kosten und kaufen kannst. *C12*

🔢 ZELL IM WIESENTAL

31 km/40 Min. von Müllheim (Auto)
In Zell (6000 Ew.) erinnert das *Wiesentäler Textilmuseum (März–Nov. Di 14–17, Sa 10–12 Uhr | Eintritt 5 Euro | Tel. 07625 5 80 | wiesentaeler-textil museum.de | ⏱ 1–2 Std.)* an die für das Wiesental einst so bedeutsame Textilindustrie. Doch von Altersschwäche keine Spur: Die mechanischen Webstühle, Spinn-, Schuss-, Spul- und Färbereimaschinen schnurren nur so vor Arbeitslust. *C12*

🔢 BELCHEN

25 km/30 min von Müllheim (Auto)
Dritthöchster Gipfel des Schwarzwalds (1415 m) mit markant gewölbtem, baumlosem Haupt und Mega-Weitsicht. Hinauf führen schöne Wandertouren und die *Belchen-Gondelbahn (tgl. 9.15–17 Uhr | einfache Fahrt 7,20, Berg- und Talfahrt 8,50 Euro | Talstation Multen im Wiesental | belchen-seilbahn.de)*, oben kehrst du ins vesper- und kuchenfreudige *Belchenhaus (tgl. | €)* ein. An der Westflanke des Belchens liegt der naturgeschützte *Nonnenmattenweiher* (Badeverbot!). Der See stammt aus der Eiszeit und liegt inmitten eines Hochmoors; auf dem Wasser schwimmen große Torfinseln. *C11*

🔢 HEITERSHEIM

10 km/15 Min. von Müllheim (Auto)
Weil zunächst der Johanniter-, später der Malteserorden im ausgehenden

Benediktiner bauten den mächtigen Dom – kurz bevor sie flüchten mussten aus St. Blasien

Mittelalter ein eigenes Fürstentum in der Stadt (6000 Ew.) gegründet hat, nennt sie sich heute noch Malteserstadt. Deren Herz bildet das *Schloss Heitersheim (tgl. 9–19 Uhr | Staufener Str. 1 | schloss-heitersheim.de)* mit seinen prächtigen barocken Gartenanlagen, in denen die Gehölze noch einen akkuraten Formschnitt tragen dürfen. Aus noch älterer Zeit, nämlich aus dem 1.–3. Jh., stammen die Überreste des römischen Landhauses *Villa Urbana,* das mittlerweile Teil des *Römermuseums (April–Okt. Di–Sa 13–18, So 11–18 Uhr | Eintritt frei | Johanniterstr. 89)* ist, wo du Funde aus der Gegend sowie die Rekonstruktion der römischen Villa bestaunen kannst. Essen gibt's im *OX (tgl. | Im Stühlinger 10 | Tel. 07634 69 55 80 | oxhotel. de | €€),* einem kulinarisch und architektonisch sehr gelungen durchmodernisierten Traditionswirtshaus mit feiner Regionalküche und Weinen aus dem Ort; im Sommer speist du unter Kastanien vor dem Haus. *B10*

SANKT BLASIEN

(E11) **Kaum zu glauben: Die kleine Stadt (3800 Ew.) in ihrem engen Tal beherrschte einst den gesamten Südschwarzwald.**

Schon im 9. Jh. hatten sich Benediktinermönche hier niedergelassen, ein Kloster errichtet und die Region fortan auch politisch und wirtschaftlich (unter anderem mit einigen Glashütten) geprägt. Heute präsentiert sich die Stadt als gepflegter Kurort, in dem man im Sommer die Geranienkästen kaum zählen kann. Das Zentrum bildet freilich der Dom mit seiner weithin sichtbaren Kuppel, die zu den größten Europas zählt. Gerne flaniert man über die gepflasterte *Kurpromenade,* die Hauptstraße, begutachtet die überall aufgestellten Kunstskulpturen am Wegesrand und verbringt Stunden in den Cafés. Wer's ein bisschen sportlicher liebt: Sankt Blasien ist mit seinen Bergen ringsum ein wahres Wanderparadies.

SIGHTSEEING

DOM SANKT BLASIUS ⭐

Mächtig prägt die insgesamt 62 m hoch aufragende Kuppel das Stadtbild. In seiner heutigen Gestalt wurde der frühklassizistische Bau 1783 eingeweiht, nachdem ein Brand die vorherige Kirche zerstört hatte. Im Inneren strahlt die lichtdurchflutete Kirche in Weiß, unter anderem der prachtvolle Marmorfußboden kündet vom einstigen Reichtum der Benediktinermönche. Zentrales Element ist die Kuppel, die architektonisch mit Symmetrien spielt: Würde man die Halbkugel der insgesamt 36 m hohen Kuppel nach unten zu einer Kugel vervollständigen, würde diese genau auf dem Fußboden ruhen. Getragen wird sie von 20 Säulen, die jeweils 18 m hoch sind. Der Durchmesser der Kuppel beträgt ebenfalls 36 m. Das zentrale Fresko im Kuppeldach entstand 1912, es zeigt Mariae Himmelfahrt. Ironie der Geschichte: Nur 23 Jahre nach der Einweihung ihres imposanten Doms flohen die Benedikti-

ner im Zuge der Säkularisation aus Sankt Blasien. Jedes Jahr im Sommer finden die viel beachteten *Internationalen Domkonzerte* statt. *Tgl. | dom-st-blasien.de*

LE PETIT SALON

Das Museum im Ortsteil Menzenschwand ist den berühmtesten Söhnen des Orts, den Brüdern Winterhalter gewidmet. Franz Xaver Winterhalter (1805–1873) war einer der besten Porträtmaler seiner Zeit und ging an sämtlichen europäischen Höfen ein und aus. Damals ein echter Star der internationalen Kunstszene! Das bekannteste Porträt der österreichischen Kaiserin Sisi stammt von ihm. Hermann Winterhalter (1808–1891) malte ebenfalls und verwaltete schließlich den Nachlass des Bruders. Das Museum zeigt Original-Lithographien, Briefe und Zeichnungen der Brüder. *Mi–So 14.30–17 Uhr | Eintritt 2 Euro | Hinterdorfstr. 15 | winterhalter-menzenschwand.de | ⏱ 1 Std.*

ESSEN & TRINKEN

KLOSTERMEISTERHAUS

Der Ritt durch die Speisekarte gleicht einer Weltreise, die schmeckt. Drinnen und draußen (Dachterrasse mit Domblick!) schlemmt man in liebevoll gestaltetem Ambiente. *Mi/Do geschl. | Im Süßen Winkel 2 | Tel. 07672 9226895 | kloster-meisterhaus.de/ | €€*

ZUM KUCKUCK

Jung und frisch präsentiert sich das Café in Menzenschwand – was für das

Team, die ausgefallene Schwarzwald-einrichtung und für die zünftige Vesperkarte mit ihren einheimischen Produkten gleichermaßen gilt. *Mo/Di geschl. | Hinterdorfstr. 58 | Tel. 07675 9 29 79 75 | kuckuck-schwarzwald.de | €*

INSIDER-TIPP
Wo die Locals veschpern

RUND UM SANKT BLASIEN

SPORT & SPASS

RADON REVITAL BAD

Das Heilversprechen (v. a. bei rheumatischen Erkrankungen) der puristisch mit viel Glas erbauten Therme in Menzenschwand beruht auf radonhaltigem Wasser. Man taucht im großen Badebereich ein (Innen- und Außenbecken, 34 Grad), holt vor dem kleinen Gradierwerk tief Luft oder genießt die Saunalandschaft und entspannende Massagen. *Mi–So 14–21 Uhr | Eintritt ab 11 Euro | In der Friedrichsruhe 13 | Tel. 07675 92 91 04 | radonrevitalbad.de*

16 BERNAU

10 km/10 Min. von St.-Blasien (Auto)
Das langgestreckte Hochtal (1900 Ew.) ist die Heimat von Schwarzwaldmaler Hans Thoma. Eine Dauerausstellung im *Hans-Thoma-Kunstmuseum (Mi–Fr 10.30–12, 14–17, Sa/So 11.30–17 Uhr | Eintritt 5 Euro | Innerlehen | hans-thoma-museum.de | ⏱ 1–2 Std.)* im Rathaus zeigt etliche seiner Bilder. Das volle kulinarische Verwöhnprogramm bietet der sympathische *Bergblick (tgl. 12–21 Uhr | Hasenbuckweg 1 | bergblick-bernau.de | €€)* der Familie Schön. Probier die Wildgerichte! *D1*

17 TODTMOOS

13 km/15 Min. von St.-Blasien (Auto)
Prunkstück des malerischen Dörfchens (1900 Ew.) ist die Wallfahrtskir-

VOLLDAMPF VORAUS

Wie das Ringelschwänzchen eines Schweins nimmt sich die Strecke der *Museumsbahn Wutachtal (D11) (Infos: sauschwaenzlebahn.de)* auf der Landkarte aus, und so hat sie seit der Eröffnung 1890 ihren Namen weg: Sauschwänzlebahn. Als militärische Nachschublinie durchs Wutachtal gebaut, wurde sie 1955 stillgelegt und 1977 als Touristenbahn wieder zum Leben erweckt. Von alten Dampflokomotiven gezogen, rumpelt die Bahn zwischen Ende April und Anfang Oktober über viele Viadukte und durch den einzigen Kreiskehrtunnel Deutschlands. Vereinzelt Fahrten auch im Winter. Eine weitere Museumsbahn, das *Chanderli*, gezogen von der 1904 gebauten Dampflok T3, bummelt und stampft 13 km durchs Kandertal (*B12*). Infos: kandertalbahn.de

che *Unserer lieben Frau,* erstmals 1255 errichtet. Der heutige Bau stammt aus dem 17. Jh. Immer noch pilgern die Gläubigen hierher, um vor dem Gnadenbild im Hochaltar aus dem 14. Jh. zu beten.

INSIDER-TIPP
Wenn die Profis Gassi gehen

Im Winter verwandelt sich Todtmoos in ein internationales Zentrum für den Schlittenhundesport. Hier finden nicht nur spektakuläre Rennen statt, sondern auch die Trainingslager der Profis – Details hat die *Touristinfo (Tel. 07652 1 20 60 | todtmoos.de).* ⬚ *D12*

Triffst du in Todtmoos ein Rudel Hunde, hängt hinten garantiert ein Schlitten dran

18 GRAFENHAUSEN
18 km/25 Min. von St.-Blasien (Auto)
Im Ort (2200 Ew.) liegt das schindelgedeckte *Heimatmuseum Hüsli (Jan.–Okt. Di 13.30–17, Mi–So 10–12 und 13.30–17 Uhr | Eintritt 3 Euro),* das Schwarzwälder Volkskunst der letzten 300 Jahre zeigt. In der TV-Serie „Schwarzwaldklinik" diente es – von außen – als Domizil der Familie Brinkmann. Im Ortsteil Rothaus steht der Stolz der Region, die badische *Staatsbrauerei Rothaus* (s. S. 22). Um optische Täuschungen, verwirrende Düfte, kribbelnde Pfade unter den Füßen und Überraschungen in völliger Dunkelheit geht es im 🐾 *Schwarzwaldhaus der Sinne (Do–Mo 11–17, Juni–Aug. Mi–Mo 10–17 Uhr | Eintritt 7, Kinder 4 Euro | Schulstr. 1 | schwarzwaldhausdersinne.de | ⏱ 2 Std.).* Besonders Kinder lassen sich von den Experimenten ums Sehen, Schmecken, Hören und Fühlen immer wieder in ihren Bann ziehen, was nicht heißt, dass nicht auch die Eltern mächtig staunen. ⬚ *E11*

19 BONNDORF
27 km/35 Min. von St.-Blasien (Auto)
In der „Räucherkammer" des südlichen Schwarzwalds (6800 Ew.) produziert die Firma *Adler (Fabrikverkauf Mo–Fr 8–18, Sa 7.30–12 Uhr | Am Lindenbuck 3 | adlerschwarzwald.de)* ihren Schwarzwälder Schinken. In den *Schloss-Narren-Stuben (Jan.–Okt. Fr–So 14–17, Fr/Sa. auch 10–12, Nov.–Dez. So 14–17 Uhr, Führung auf Anfrage | Eintritt frei | Tel. 07703 91 90 75 | ⏱ 1–2 Std.)* sind 400 originalgetreu nachgebildete Miniaturen alemannischer Fasnetfiguren und mehr als 300 Masken ausgestellt. Ruhig liegt der *Gasthof Sommerau (Mo/Di geschl. | Sommerau 1 | Tel. 07703 6 70 | sommerau.de | €€€)* auf einer großen Wiese am Waldrand – ein wunderschönes Holzhaus im modernen Schwarzwaldstil. Das Kochen ist hier regionale Herzensangelegenheit auf hohem Niveau. ⬚ *F11*

HOCH-
SCHWARZ-
WALD

Der Hochschwarzwald ist das Sahnehäubchen der Region. Noch bis in den Mai ragt zuckerweiß die schneebedeckte Kuppe des Feldbergs weit übers Land, wenn unten im Tal längst die Wiesen blühen.

Sobald es aber auch auf der Höhe grünt, kennt die Abenteuerlust kein Halten mehr. Dann zeigen die Stand-Up-Paddler auf den Seen ihr Stehvermögen, am Ufer bräunen die Höhensonnen-Anbeter und die Wandervögel muss man abends vor lauter Vergnügen mit dem

Die Ruhe vor dem Ansturm: Bootsverleih am Titisee

Lasso einfangen. Für die Vesperpause zwischendurch gibt's wahl-
weise leckeren Hüttenzauber oder eine Feinschmecker-Bergküche.
Oben nie vergessen: Tief Luft holen! Die heilklimatische Höhenluft
und die landschaftliche Vielfalt der Region, ihre verträumten Hoch-
täler, die dunklen Wälder, die Panoramaplateaus und die subalpi-
nen Gipfel, machen sie zu einem einzigartigen Paradies für Natur-
liebhaber.

HOCHSCHWARZWALD

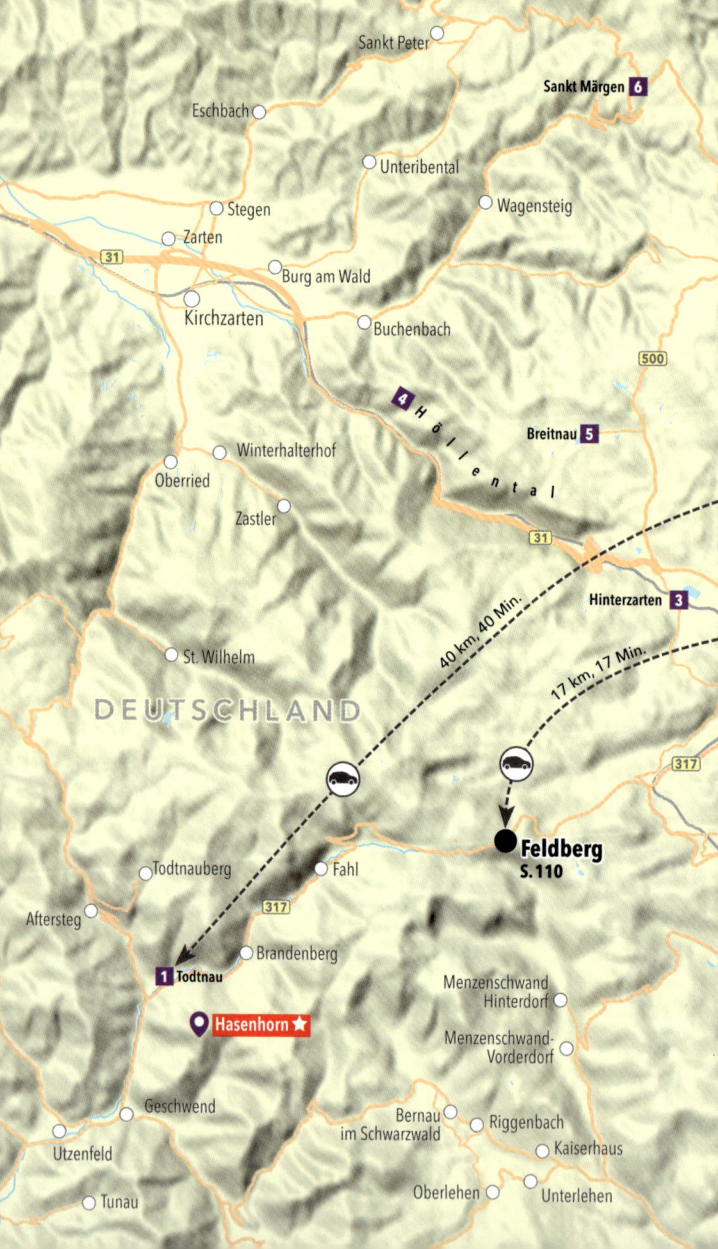

Sankt Peter

Sankt Märgen **6**

Eschbach

Unteribental

Stegen

Wagensteig

Zarten

31

Burg am Wald

Kirchzarten

Buchenbach

500

4 H ö l l e n t a l

Breitnau **5**

Winterhalterhof

Oberried

31

Zastler

Hinterzarten **3**

St. Wilhelm

40 km, 40 Min.

17 km, 17 Min.

DEUTSCHLAND

317

Feldberg
S. 110

Todtnauberg

Fahl

Afersteg

317

Brandenberg

1 Todtnau

Menzenschwand
Hinterdorf

Hasenhorn ★

Menzenschwand-
Vorderdorf

Geschwend

Utzenfeld

Bernau
im Schwarzwald

Riggenbach

Kaiserhaus

Tunau

Oberlehen

Unterlehen

MARCO POLO HIGHLIGHTS

★ **HOCHFIRSTSCHANZE**
Die berühmte Skifliegerrampe und
Bergsprinterplage in Neustadt ➤ S. 114

★ **TITISEE**
Eine Perle der Natur samt touristischer
Goldküste ➤ S. 114

★ **BADEPARADIES SCHWARZWALD**
Drei Bäder für alle Fälle – von Action bis
Wellness ➤ S. 116

★ **HASENHORN**
Packende Talfahrten für Rodler, Downhiller
und Zauberlehrlinge ➤ S. 112

★ **SCHLUCHSEE**
Der größte Stausee des Schwarzwalds
➤ S. 113

★ **WUTACHSCHLUCHT**
Wandern im „Grand Canyon" des
Hochschwarzwalds ➤ S. 121

BADEN-WÜRTTEMBERG

Bubenbach

7 Eisenbach

Schwärzenbach

Oberbränd

8 Friedenweiler-Rötenbach

Badeparadies
Schwarzwald ★

Hochfirstschanze ★

● **Titisee-Neustadt**
S. 113

31

Rötenbach

Titisee ★

Saig

Löffingen **9**

Seppenhofen

Kappel

Lenzkirch

Göschweiler

Ruhbühl

315

Holzschlag

Reiselfingen

Fischbach

Wutachschlucht ★ **10**

Glashütte

Boll

Unteraha

Dresselbach

Sommerau

Bonndorf

Schluchsee ★ **2**

Schluchsee

Faulenfürst

17 km, 16 Min.

Oberschwarz-
halden

500

Rothaus

2 km
1.24 mi

Wittlekofen

FELDBERG

(⟨ D10–11) **Die höchste Erhebung des Schwarzwalds und ganz Baden-Württembergs (1493 m) lockt mit dem gleichnamigen, unterhalb des Gipfels gelegenen, weit verzweigten Ort und seinem alpinen Skizirkus mitunter bis in den Mai hinein Wintersportler aus dem ganzen Land in den Hochschwarzwald.** Im Sommer ist die komplette Feldbergregion samt Schluchsee eine einmalige Wander-, Ferien-, Wassersport- und Genusszone – egal, ob du die markante *Feldbergkuppe am Seebuck* erklimmst, über den Schluchsee paddelst oder in die Täler ringsum hinabsteigst. Mehr Bergwelt geht schwarzwaldweit nirgendwo! Unvergesslich: Der Sonnenaufgang auf dem Feldberg! Vom großen Parkhaus am Feldberger Hof gelangst du in ca. 1 Std. auf den Gipfel und begrüßt dort in absolut privilegierter Naturloge den neuen Tag.

SIGHTSEEING

FELDBERGTURM

Der ehemalige Radioverteiler auf dem *Seebuck* (rauf geht's mit der Feldbergbahn) beherbergt heute eine Aussichtsplattform in 45 m Höhe, auf die dich gemütlich ein Aufzug hebt. Oben erwartet dich eine Hammeraussicht bis weit hinein in die Schweizer Alpen, aber auch der Blick über die Schwarzwaldhöhen ist gigantisch. Vorausgesetzt der Turm steht nicht gerade im Siffnebel. Nix für Vegetarier: Der Turm trägt zusätzlich das *Schwarzwälder Schinkenmuseum*, multimedial schneidet es Herstellung und Geschichte des geräucherten Exportschlagers auf. *Mai, Juni, Okt. tgl. 9–16.30, Juli–Sept. 9–17 Uhr | Eintritt 7 Euro, in Kombi mit Bergbahnticket frei | Seebuck | feldbergbahn.de | ⏱ 1 Std.*

HAUS DER NATUR 👥

Betreiber der Ausstellung ist das Naturzentrum Südschwarzwald, weswegen du hier auf familienfreundliche Art fast alles über Flora, Fauna, Holz- und Weidewirtschaft, Wintersport und Naturschutz in der Feldbergregion erfährst. Regelmäßig Veranstaltungen und Exkursionen. Besonders spannend: Die geführten Wanderungen mit dem Feldberger Revierförster. Sie bringen euch startrekgleich in Gegenden, die zuvor (fast) nie ein Mensch gesehen hat (anmelden!). *Tgl. 10–17 Uhr, Nov.–Mai Mo geschl. | Eintritt 4,50, Kinder 3 Euro | Dr.-Pilet-Spur 4 | Tel. 07676 93 36 30 | naz-feldberg.de | ⏱ 1–2 Std.*

FELDSEE

Das kleine, fast kreisrunde Gewässer ist ein Relikt aus der letzten Eiszeit und wird von unzähligen Bächen ringsum gespeist. Besonders morgens und abends, wenn sich Stille über den See und den dichten Wald ringsum legt, erlebst du hier einen mystischen Ort. Würde sich eine Nymphe aus dem Wasser schlängeln, es würde einen nicht mal wundern.

INSIDER-TIPP
Spür die Schwarzwaldmagie

ESSEN & TRINKEN

RAIMARTIHOF

Kulteinkehr mit urigem Schwarzwaldmobiliar und großem Außenbereich im Sommer. Du erreichst ihn nur zu Fuß, wirst aber mit kultig-bäuerlicher Vesperküche belohnt. Probier den Bibeleskäs! *Mo geschl. | östlich vom Feldsee | Tel. 07676 2 26 | raimartihof.de | €–€€*

PETERLE

Im Feldberger Ortsteil Falkau wird dir vom Wildschweinbraten bis zum Forellenfilet äußerst gekonnt die ganze Heimat auf den Teller gebracht. Die Zutaten kommen größtenteils aus dem Naturpark ringsum. Während des Essens sitzt du in einer eleganten, holzvertäfelten Traditionsgaststube. Exzellente Weinkarte! *Do geschl. | Schuppenhörnlestraße 18 | Tel. 07655 6 77 | hotel-peterle. de | €€–€€€ | ⌖ E10*

SPORT & SPASS

FELDBERGSTEIG

Für Highländer: Der Premiumwanderweg führt auf einer 12,5 km langen Route über Pfade mit atemberaubenden Ausblicken einmal rund um den Gipfel. Unterwegs passiert er etliche Berghütten mit stärkender Höhenkost *(z. B. baldenweger-huette.com, zastlerhütte.de, sankt-wilhelmerhuette.de). hochschwarzwald.de/Touren-im-Hochschwarzwald/Feldbergsteig*

FUNDORENA

Der Feldberg ist um einen Riesenspaß reicher: Wetterfest überdacht warten in dieser 4000 m² großen Spiel- und Sporthalle ein Hochseil- und ein Trampolinpark (samt Dunkin'-Option) sowie ein Freestyle-Jump auf spaßig-luftigen Riesenkissen. Dazu noch eine eigene Boulderhalle (Ausrüstungsverleih). Ach

Magic Moment: Wer bei Sonnenaufgang vom Feldberg blickt, sieht den Wald wach werden

Gar nicht so gebogen wie der Name erwarten lässt: der ansehnliche Unterkrummenhof

ja: Draußen gibt's noch einen Kletterwald mit echten Bäumen. *Tgl. 10–19 Uhr | Eintritt ab 6 Euro für Einzelattraktionen | Dr. Pilet-Spur 11 | fundorena.de | ⏱ 2–3 Std.*

RUND UM DEN FELDBERG

🔷 TODTNAU

10 km/15 Min. von Feldberg–Passhöhe (Auto)

Todtnau (4800 Ew.) ist die Wiege des Skisports im Schwarzwald. Hier ist der älteste Skiclub Deutschlands (1891) zu Hause. Das 🎿⭐ *Hasenhorn* mit 1158 m ist ein Eldorado für spektaku-läre Abfahrten. Ein *Sessellift (tgl. 10–16 Uhr | ab 5 Euro)* bringt Wanderer, Mountainbiker, Schlittenfahrer und Schaulustige nach oben, wo auch ein zünftiges *Berggasthaus (tgl. 10–18 Uhr, gelegentl. Di geschl. | Tel. 07671 521 | €)* mit großer Terrasse wartet. Von dort führt eine gewalzte Rodelbahn über 3,5 km den Berg hinab; daneben lockt der Mountainbike-Funpark mit einer spektakulären Downhill-Strecke. Ganzjährig geöffnet hat die 2,9 km lange *Hasenhorn Coaster-Rodelbahn (tgl. 10–16 Uhr, Betrieb witterungsabhängig! Außerhalb der Ferien und von Sept.–April Öffnungszeiten ggf. telefonisch oder im Netz abklären | 10 Euro | Tel. 07671 508 | hasenhorn-rodelbahn.de).* Wem das alles zu gefährlich scheint, der gelangt vom Gipfel aus über den für Kinder konzipierten, 4 km langen Zauberweg hinunter. Auffälligste Attraktion ist der 21 m hohe *Hasenhorn-Turm*, den man von der Bergstation aus zu Fuß in einer halben Stunde erreicht. Bei klarer Sicht sind die Alpen zum Greifen nah. Ein atemberaubendes Wanderziel sind die *Todtnauer Wasserfälle,* die über Klippen fast 100 m in die Tiefe stürzen. Historie und Gegenwart verbindet schließlich *Der Waldfrieden (Di geschl.| Dorfstr. 8 | Todtnau-Herrenschwand | Tel. 07674 92 09 30 | der waldfrieden.de | €€€),* was sowohl für die Architektur als auch für die Küche gilt. ⌘ *D11*

2 SCHLUCHSEE ★

17 km/20 Min. von Feldberg-Passhöhe (Auto)

Das Wassersportparadies ist in den 1920er-Jahren entstanden, als der kleine Eiszeitsee für die Stromgewinnung künstlich zu seiner heutigen imposanten Größe (8,73 km lang, bis 1,5 km breit) aufgestaut wurde. Das dazugehörige *Kraftwerk (Führungen Do 14, von April–Okt. auch Di 14 Uhr | Treffpunkt: Schwarzabruck 2 in Häusern | Tel. 07763 9 27 80 | schluchsee werk.de)* befindet sich im rund 6 km entfernten Häusern und kann besichtigt werden. Die Staumauer mit einer Kronenlänge von 250 m und einer Höhe von 63,5 m ist das größte Bauwerk im Schwarzwald.

Der wellenarme See eignet sich wunderbar für ausgiebige Stehpaddeltouren. Selbst an Tagen, an denen die Strände voll sind, schaffst du dir so deine eigene Mini-Insel. Verleih und Kurse in einer geschützten Bucht bei *rafftaff (Mai/Juni, Mitte–Ende Sept. Sa/ So 10–18, Juli–Mitte Sept. tgl. 10–18 Uhr | SUP 15 Euro pro Std. | Seeweg 2 | Tel. 07656 9 88 99 83 | rafftaff.de)* in Schluchsee. Auch Kajak- und Kanadierverleih.

Kindern gefällt das 👣 *Aqua Fun Schluchsee (Mai–Sept. tgl. 9–19 Uhr | Eintritt 4,50, Kinder 3 Euro | Freiburger Str. 16)* mit der 105 m langen Rutsche unmittelbar am Ufer des Schluchsees – das landschaftlich schönste Spaßbad des Schwarzwalds. Dank des direkten Zugangs lassen sich auch ein paar Bahnen im See schwimmen.

Einen Stopp lohnt die Ausflugsstube *Unterkrummenhof (Mai–Sept tgl. 10–18, Okt/April Di–So, Nov–März Mi–So | Unterkrummen 3 | Schuchsee-Aha | Tel. 07656 15 00 | unterkrummenhof. info | €–€€)* am Seeufer mit Flammkuchen, Vesperkarte sowie Kaffee und Kuchen – alles hausgemacht. Familien mögen den großen Außenbereich mit Terrasse, Liegestühlen und Seeblick, die Stube drinnen ist rustikal mit langen Tischen und Wintergarten. Nur per Schiff *(seerundfahr ten.de)* oder zu Fuß erreichbar, 45-minütiger Spaziergang vom Parkplatz in Aha. ⌘ *E11*

TITISEE-NEUSTADT

(⌘ E10) **Von Verwaltungsreformern wurde die Doppelstadt (11 800 Ew.) 1974 in ihre Ehe gezwungen, ein bis heute nicht ganz ausgestandenes Trauma.**

So verschieden nämlich sind die beiden Teile, dass sie selbst nach bald 50 Jahren Vernunftverbindung noch immer ihr Eigenleben führen. Titisee, erst um 1900 touristisch entdeckt, zuvor ein Bauerndorf, verdreht heute Touristen aus aller Welt den Kopf. Neustadt, ein Handwerks- und Industriestädtchen aus dem 13. Jh., hält mit Behörden, Schulen und Geschäften den Hochschwarzwald am Laufen. Titisees Wahrzeichen ist der 40 m tiefe, 1,5 km lange See, das Neustadts die kühn geschwungene Gutachtalbrücke, die in einem 100 m hohen Bogen den Talausgang überspannt.

SIGHTSEEING

TITISEE ⭐
Selbst im allergrößten Trubel bewahrt der Titisee seine gravitätische Ruhe und strahlt reichlich kühle Gelassenheit aus – auch wenn Surfer, Tret- und Ruderboote ihn bevölkern und sich an der Strandpromenade, auch *Goldküste* genannt, Busreisende drängen. Der Spitzname geht auf den Rummel und die dicht an dicht stehenden Andenkenläden zurück, mit denen sich hier manch einer eine goldene Nase verdient. Der gut 1 km² große Bergsee ist ein Überbleibsel der letzten Eiszeit. Ein bequemer Spazierweg führt fast ganz um den See herum. Rundfahrten finden ab Strandpromenade Seestraße statt. Dort kannst du auch selbst ein Boot mieten.

MÜNSTER SANKT JAKOBUS
Die katholische Pfarrkirche von Neustadt ist zwar erst 100 Jahre alt, dennoch nimmt der neugotische Bau eine dominierende Stellung im Stadtbild ein. Der Marienaltar ist eine Nachbildung des Riemenschneider-Altars in Creglingen, der Turm erinnert an große gotische Vorbilder.

HOCHFIRSTSCHANZE ⭐
Der Heimathorst der Schwarzwald-Adler liegt im Schmiedsbachtal, fünf Gehminuten vom Bahnhof Neustadt entfernt. Die Weltcupsprungschanze in Neustadt erlaubt Weiten bis zu 145 m. Sie ist damit die größte Naturschanze Europas. Außerhalb der Wettkämpfe ist die Schanze frei zugänglich. Die großen Springen fanden zuletzt im Januar statt. *Infos: Weltcup-Büro (Sebastian-Kneipp-Anlage 2 | Tel. 07651 97 24 12 | weltcupskispringen.de)*
Im Sommer sprinten (und ächzen) bisweilen besonders athletische Kraftpakete die Schanze dann wieder hoch, die extreme Steigung geht mächtig in die Beine. Der Sponsor sagt sogar, es sei der härteste 400-Meter-Lauf der Welt *(redbull.com)*.

HOCHFIRSTTURM
Eine schmale Röhre aus Blech und Stahl, fast 30 m hoch, steht als Aussichtsturm auf dem Neustädter Hausberg Hochfirst. Von hier oben gesehen verliert die Welt ihren Schrecken, die Vogesen sehen aus wie ein zerknülltes Butterbrotpapier, die Alpen wie zerkrümeltes Schaumgebäck. Zum Gipfel führt eine schmale Straße, hinaufzuwandern ist aber viel schöner; dann hat man sich auch zur Belohnung die Einkehr im gutbürgerlichen *Berggasthaus Hochfirst (Mi–Mo 11–19 Uhr | Tel.*

Schöner wandern: Wer den Hochfirst erklommen hat, erfasst den Titisee in Gänze

07651 75 75 | berggasthaushochfirst. de | €) verdient. Beliebt ist der Gipfel auch bei Drachen- und Gleitschirmfliegern, die hier starten.

ESSEN & TRINKEN

KUCKUCKSSTUBE
Da ruft der Kuckuck nicht aus dem Wald, sondern aus dem Bahnhof-Titisee. Und lädt zum Regiovesper mit Flammkuchen, Schäufele, Käsebrettle und -spätzle ein. Du sitzt im schick verschindelten, modernen Schwarzwalddesign, auf Wunsch auch auf flauschigen Schaukeln. *Tgl. 7.30–22 Uhr | Parkstr. 11 | Tel. 07651 8 07 99 80 | kuckucksstube.de | €€*

KLÖSTERLE
Im ehemaligen Kapuzinerkloster aus dem 17. Jh. in Neustadt schlürft man feinen Kaffee, frühstückt ganz ausgezeichnet oder labt sich an der fein-deftigen – auch vegetarisch sehr lecker! – Restaurantküche. Der Service ist ebenso herzlich wie das Ambiente frisch und gemütlich, im Sommer nimmt man auch im Klösterle-Garten Platz. *Fr/Sa 17–22, So 9.30–22 Uhr | Klösterle 3 | Tel. 07651 93 49 28 | €–€€*

KALLEX
Hausgemachte Burger gibt's in diesem knalligen Neustädter Bistro. Sie heißen *Blumenpflücker*, *Heimatburger* oder *Tiefflieger* und schmecken so gut, wie die Nomenklatur kreativ ist. Auf Wunsch werden die dicken Weckle auch vegetarisch oder vegan zubereitet. Mit der Cocktailauswahl spült man den Imbiss dann genüsslich runter. *Mi–So ab 15 Uhr | Am Postplatz 4 | Tel. 07651 9 72 22 62 | kallex.bar | €*

SHOPPEN

HILPERTENHOF

Farm to table: Beim wohl rührigsten Selbstvermarkter der gesamten Region bekommst du direkt vom Hof Spezialitäten aus eigener Herstellung wie Schinken und Speck. Aber auch Nudeln, Konfitüre, Honig und Eier. *Mo–Sa 14–18 Uhr, Sa 8–12 Uhr auf dem Neustädter Wochenmarkt in der Kurbadstraße | Langenordnach 21 | hilpertenhof.de*

SPORT & SPASS

BADEPARADIES SCHWARZWALD ★ 👥

Dieses Paradies besteht einerseits aus dem Rutschentempel *Galaxy Schwarzwald (Mi–Fr 14–22, Sa/So 9–22 Uhr)* mit Wellenbad und 23 (!) unterschiedlichen Rutschen – unter denen *Freefall* oder *Monster Halfpipe* ihren Namen alle Ehre machen.

Etwas ruhiger geht es in der benachbarten *Palmenoase (tgl. 9–22 Uhr)* zu, was auch daran liegt, dass der Eintritt erst ab 16 Jahren erlaubt ist (außer am Sonntag, dann ist Familientag). Die Palmen am Beckenrand sind echt, die Oase überspannt ein gewaltiges Glasdach, Durstige zwitschern ein Gläschen an der Poolbar. Für den übrigen Genuss sorgen Whirlpools und Sprudelliegen. Das paradiesische Trio komplettiert die textilfreie Wellnessoase *Palais Vital (tgl. 9–22 Uhr)* – ein Saunen-, Vitallounge- und Massagepara-

Erwärmend alternativ: In Shorts und T-Shirt das Sommerspringen in Hinterzarten verfolgen

dies mit Dachterrasse und weiterer Poolbar. *Eintritt ab 16 Euro | Am Badeparadies 1 | Tel. 08000 4 44 43 33 | badeparadies-schwarzwald.de*

KLETTERN

Bis zu 18 m hoch ist der Abenteuer-Kletterpark *Action-Forest* im Wald am Hirschbühl bei Titisee. Zehn Parcours in allen Schwierigkeitsgraden ermöglichen das Klettern, Schwingen und Balancieren in den Wipfeln alter Baumriesen. *Mitte April–Okt. geöffnet, aktuelle Uhrzeiten siehe Web | Eintritt 29, Kinder 19–24 Euro (je nach Größe) | Neustädter Str. 41 | Tel. 07651 9 33 11 70 | action-forest.com*

STAND-UP-PADDLING

Für einen Tag auf dem Titisee leihen sie dir ein Brett samt Paddel, womit du gepflegt in das Gewässer stechen und es aufrecht entdecken kannst. Draußen auf dem See ist es still, das Bergweltpanorama ringsum erhaben und der Paddler mit sich ganz im Reinen. *Juli/Aug. tgl. 10–18, Sept. Sa/So 10–18 Uhr | 40 Euro/Tag | Neustädter Str. 41 | action-forest.com/sup-schwarzwald*

RUND UM TITISEE-NEUSTADT

🖪 HINTERZARTEN
12 km/10 Min. von Titisee (Auto)
Der Kurort (2500 Ew.) gilt als Perle des Schwarzwalds. Als Zuhause der Springerfamilie Thoma hat er dem heimischen Skisport mit dem *Schwarzwälder Skimuseum (Di, Mi, Fr 14–17, Sa/So 12–17 Uhr | Eintritt 5 Euro | schwarzwaelder-skimuseum.de | ⏱ 1–2 Std.)* ein Denkmal gesetzt.

Alles andere als ein Museumsstück ist die *Adlerschanze*, die jedes Jahr mit dem traditionellen *Sommerskispringen (sommerskispringen-hinterzarten. de)* mit allen Stars der Weltelite auch stimmungsmäßig Akzente zu setzen weiß.

Eine knappe Gehstunde außerhalb, im Ortsteil *Alpersbach*, begegnest du im Restaurant *Zur goldenen Esche (So/Mo geschl. | Tel. 07652 9 19 40 | waldhotel-fehrenbach.de | €€–€€€)* im Waldhotel Fehrenbach, einem schmucken Bauernhaus, dem gastronomischen „Kräuterpapst" der Region, der u. a. auch ein veganes Menü auf der Karte hat.

INSIDER-TIPP
Au Weiher, ist das schön hier!

Ein von den Einheimischen gehüteter Ausflugs-, Picknick- und Badetipp ist der verschwiegen in einem Hochtal gelegene *Mathisleweiher*. Er liegt vom Ortsteil *Erlenbruck* rund 5 km entfernt; den letzten Kilometer musst du allerdings zu Fuß gehen. Richtung Titisee gelangst du nach einem lockeren Spaziergang in das geschützte *Hinterzartener Hochmoor*, eine Hinterlassenschaft der Eiszeit, das mit schmalen Holzbohlenwegen erschlossen ist. 🕮 *E10*

Ins liebliche, rund 15 km entfernte *Dreisamtal (🕮 D10)* wanderst du von Hinterzarten aus über den aussichtsreichen Hinterwaldkopf (5 km) und die *Höfener Hütte (April-Okt. Di-So 10-22, Nov.-Dez. Di-So 11-20, Feb./März Sa/So 11-20 Uhr | Tel. 07661 33 24 | hoefener-huette.de | €)*, eine zur Vesperwirtschaft umgebaute ehemalige Viehhütte, die ihre Küchenzutaten fast ausschließlich in Bioqualität bezieht. Zurück nach Hinterzarten kutschiert dich gemütlich die Höllentalbahn.

4 HÖLLENTAL

25 km/30 Min. von Titisee (Auto)

Obwohl das sagenumwobene Tal durch die dominierende B 31 viel von seinem früheren Liebreiz verloren hat, bietet es noch immer kulturhistorische Schätze und unvergleichliche Naturerlebnisse. Die *Sankt Oswald-Kapelle* gilt als älteste Kirche des Hochschwarzwalds, 1147 von einem lokalen Ritter gestiftet. Im Innern befinden sich ein üppig mit Knochen und Schädeln gefülltes, leider etwas verwahrlostes Beinhaus und die Kopie des Schnitzaltars von 1520. Den Schlüssel für die Kapelle müssen sich Besucher an der Rezeption des nahe gelegenen Hotels *Sternen (Tel. 07652 90 10 | hofgut-sternen.bestwestern.de | €€)* abholen. Rund um das Hofgut Sternen herrscht zwar viel touristischer Rummel, unter anderem eine Schauglasbläserei, aber hier befindet sich auch der Einstieg in die *Ravennaschlucht*, und es lockt der Blick auf das beeindruckende Ravenna-Eisenbahnviadukt der Höllentalbahn.

Am Ausgang des Tals thront der Kupferhirsch auf seinem Felsen am *Hirschsprung*, sprungbereit, um auf der anderen Seite gleich den Fels zur Ruine der *Burg Falkensteig* zu erklimmen. Ihre kargen Reste kleben einem Geiernest gleich in den Felszacken und sind vom Hirschsprungparkplatz in knapp zehn (steilen) Gehminuten zu erreichen. *D10*

5 BREITNAU

15 km/20 Min. von Titisee (Auto)

Das lang gezogene, sonnige Dorf (1700 Ew.) macht sich auf der Höhe über dem Höllental breit. Der Ort ist der ideale Ausgangspunkt für schöne Streifzüge in die wildromantische *Ravennaschlucht,* die in das Höllental hinunterführt, und gleichzeitig den Start- und den Endpunkt des *Heimatpfads Hochschwarzwald (Infos: Tel. 07652 9 10 90 | heimatpfad.de)* markiert. Dessen ausgeschilderte Route führt vorbei an etlichen Mühlen, Hofsägen, Löffelschmieden und alten Schwarzwaldhöfen, die zum Teil auch besichtigt werden können.

Kulinarisch pflegt das *Gasthaus zum Strauß (April-Nov. Mi-Fr 17-22, Sa/So 10-22 Uhr | Siedelbach 2 | Tel. 07652 3 82 | gasthaus-strauss.de | €€)* eine köstliche Bodenständigkeit mit viel eigenem Küchenhandwerk. Sehr lecker: Zu Schnitzel, Käsespätzle und dem Hausburger gibt's hausgemachte Röstzwiebeln. Auch Vesperkarte und selbst gebackenes Holzofenbrot. *D10*

6 SANKT MÄRGEN

18 km/25 Min. von Titisee (Auto)

Von Sankt Märgen (1800 Ew.) und der Hochebene zwischen dem Kandel

Von fern märchenhaft-unwirklich – Weihnachtsmarkt unterm Ravennaviadukt im Höllental

und dem Feldberg hast du die beste Panoramasicht im ganzen Schwarzwald. Optisches Wahrzeichen ist die barocke *Klosterkirche* von 1718 ist mit ihren markanten Zwillingstürmen. Regionale und sakrale Ausstellungsstücke zeigt das *Klostermuseum (So 10–16, Mai–Okt. auch Mi, Do 10–13, Fr 14–17 Uhr | Eintritt 6 Euro | Rathausplatz 1 | kloster-museum.de | ⏱ 1 Std.).* Ans Kloster schließt sich das *Kunsthaus (So 13–17 Uhr Uhr | kunsthaus.info)* an mit seiner modernen, preisgekrönten Architektur und wechselnden Ausstellungen überwiegend zur Gegenwartskunst sowie einem hübsches Café. Im März, April und Oktober wird Sankt Märgen zur Rosshochburg. Dann finden hier große Pferdeveranstaltungen statt, die Liebhaber und Interessierte in Scharen anziehen: *Züchtertag, Pferdemarkt, Festumzug,* alle drei Jahre der *Tag des Schwarzwälder Pferdes (nächstes Mal 2025 | ross fest.de).*

Spektakuläre, gut ausgeschilderte Wanderrouten führen ins *Hexenloch,* zu den *Zweribach-Wasserfällen* und ins Bannwaldgebiet *Wildgutach,* wo aufgegebene Höfe von der Wildnis zurückerobert werden. Beliebt ist das kleine 🐾 *Naturfreibad (im Sommer 9–18 Uhr | Eintritt 2,50, Kinder 1 Euro | Freibad 1)* am Ortsrand, ein natürlicher Badesee mit Liegewiese und Kiosk, alles sehr gechillt und vollkommen frei von touristischen Attraktivierungsstoffen. ==Die Einheimischen lieben gerade das entchlort Puristische an der erfrischenden Schwarzwaldoase.== Mittendrin in St. Märgen thront prächtig der *Hirschen (tgl. |*

INSIDER-TIPP
Das pure Planschen

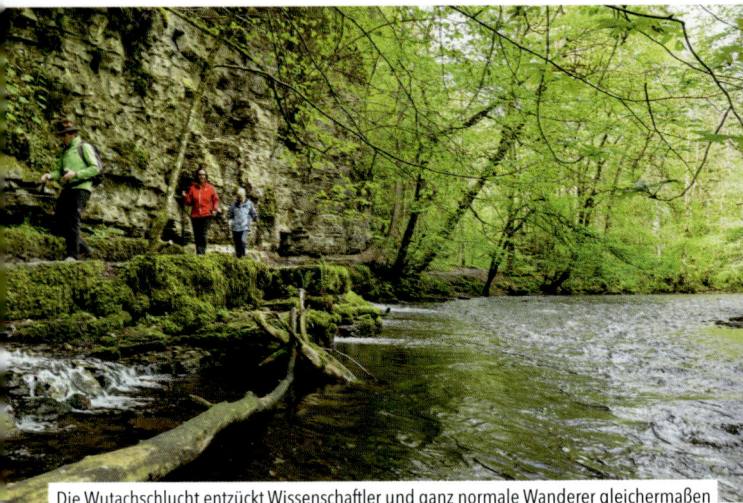

Die Wutachschlucht entzückt Wissenschaftler und ganz normale Wanderer gleichermaßen

*Feldbergstr. 9 | Tel. 07669 94 06 80 | de
rhirschen.de | €€)* der Familie Lausterer,
die beweist, wie sich Wirtshaustraditio-
nen geschmackvoll und kreativ in die
Gegenwart übertragen lassen. *E9*

7 EISENBACH

10 km/10 Min. von Titisee (Auto)
Das frühere Bergbaudorf (2100 Ew.)
ist mit seiner ruhigen Weltabgeschie-
denheit ein idealer Ausgangspunkt
für schöne Wanderungen und Radtouren. Große Prachthotels oder spektakuläre Events suchst du hier vergeb-
lich, dafür findest du romantische
Ferien auf dem Bauernhof. Sowie eine
einmalige Sammlung historischer
Schwarzwalduhren, eine Mineralien-
ausstellung und ein Vogelkundemu-
seum mit Dutzenden ausgestopfter
heimischer Vögel in der Heimatstube
der komplett aus Holz konstruierten
*Wolfwinkelhalle (Mo–Fr 9–12 Uhr Be-
such nach Anmeldung unter Tel. 07657*

91 03 22 | Eintritt frei | Bei der Kirche 6).
E10

8 FRIEDENWEILER-RÖTENBACH

7 km/10 Min. von Titisee (Auto)
Die kleine Doppelgemeinde (1900 Ew.)
markiert den Übergang vom Hochschwarzwald in die Landschaft der Baar.
Sie ist idealer Ausgangspunkt für Wanderungen in die wildromantische
Rötenbachschlucht, die auf abenteuerlichen Wegen wiederum in die Wutachschlucht führt.
Blickfang in Friedenweiler ist das ehemalige Frauenkloster und Schloss, in
dem heute eine Seniorenresidenz un-
tergebracht ist. Die Klosterkirche mit
Originalmauern aus dem 15. Jh. hat
von 1725 bis 1729 der berühmte Ba-
rockbaumeister Peter Thumb ausgestat-
tet. Im *Rathaus (Hauptstr. 24 | Öffnungs-
zeiten erfragen unter Tel. 07654
91 19 10)* sind zwei Ausstellungsräume
den für diesen Ort typischen Kunst-

handwerkszweigen Geigenbau und Hinterglasmalerei gewidmet. *E–F 10*

9 LÖFFINGEN

12 km/10 Min. von Titisee (Auto)

Ein romantisches Städtchen (7700 Ew.), zu dessen mittelalterlichem Kernort sechs höchst unterschiedliche dörfliche Ortsteile gehören. Zum Beispiel Bachheim mit seinen Wanderpfaden in die Wutachschlucht hinunter oder Göschweiler mit der Rochus-Kirche aus dem 9. Jh., dem vermutlich ältesten Gebäude zwischen Freiburg und Donaueschingen. Das *Heimatmuseum (Mo, Di, Do, Fr 9–12 und 14–17, Mi 9–12 Uhr | ⏱1 Std.)* im Gebäude der Touristeninformation führt in Löffingens Frühgeschichte und zeigt eiszeitliche Mammutzähne, die in einer nahen Kiesgrube gefunden wurden, ebenso wie Ausgrabungen aus der Zeit der alemannischen Besiedlung. Im *Heilkräuterstüble (Mo, Di, Do, Fr 9–12.30 und 14.30–18, Mi/Sa 9–12.30 Uhr | Demetriusstr. 11 | Tel. 07654 807875 | heilkraeuterstueble. com)* bewahrt Johanna Löffler das reiche Erbe des Löffinger Heilkräuterpapstes Peter Spiegel.

Eine Mischung aus Zoo und Freizeitpark durchstreifst du in der 🦁 *Tatzmania (Mai–Okt tgl. 10–17, Nov.–April Sa/So 10–17 Uhr | Eintritt 14, Kinder 12 Euro | Wildpark 1 | tatzmania.com).* Tiger, Löwen und Wölfe schleichen dort durch riesige Freigehege, andernorts winkst du Wapitis, Affen, Trampeltiere, Zebras oder Lamas. Auch schön: Das Schreien der anderen Parkbesucher, denen von Achterbahnen und Karussells gerade ein wenig Schwerkraft geraubt wird. *F10*

10 WUTACHSCHLUCHT

19 km/20 Min. von Titisee zum Parkplatz Schattenmühle (Auto)

Diese mit Abstand interessanteste und schönste Schlucht des gesamten Schwarzwalds ist gewissermaßen ein erdgeschichtliches Lesebuch. Vor rund 70 000 Jahren ist die Wutach, vom Feldberg kommend, noch in die Donau abgeflossen, in der beginnenden Würmeiszeit ist sie dann bei Blumberg umgeschwenkt in Richtung Hochrhein. Ihr gesamtes prähistorisches Tal hat sie mit allem Zubehör an Flora und Fauna dabei praktisch mitgenommen, sodass Geologen, Biologen wie auch Archäologen in großes Entzücken geraten, wenn sie das blank gelegte Schichtprofil studieren.

Für passionierte Wanderer sind die rund 35 km zwischen dem Einstieg in die Schlucht bei Neustadt/Kappel-Gutachbrücke und dem Ausstieg bei Blumberg einfach ein grandioses, urwaldartiges Naturparadies, eine Art Grand Canyon des Schwarzwalds mit bis zu 200 m hohen Felswänden. Die gesamte Wutachschlucht mit ihren rund 2500 Pflanzenarten steht unter Naturschutz. Die jeweiligen Sektionen des *Schwarzwaldvereins (schwarzwaldverein.de)* halten die Wanderwege und die teilweise gewagten Holzstege in der Wutachschlucht in Schuss und bieten dazu kostenlos Wanderkarten an. Weitere Wandertipps, Einkehr-, Übernachtungsangebote und Infos zur Schlucht bekommst du auch bei *Hochschwarzwald-Tourismus (hochschwarzwald. de).* *F11*

ERLEBNIS TOUREN

Lust, die Besonderheiten der Region zu entdecken? Dann sind die Erlebnistouren genau das Richtige für dich! Ganz einfach wird es mit der MARCO POLO Touren-App: Die Tour über den QR-Code aufs Smartphone laden – und auch offline die perfekte Orientierung haben.

❶ EIN DESIGN-WOCHENENDE IM MARKGRÄFLERLAND

➤ Großes Mode-Shopping für kleine Kohle
➤ Kunst und Geschichte dicht an dicht
➤ Regionale Weinexoten aus dem Bioanbau

📍 Vitra Design Museum   🏁 Picknickers

→ 60 km   🚗 2 Tage, reine Fahrzeit 1 ¼ Std.

ℹ️ Öffentl. Führungen ❶ **Vitra Design Museum** nur Sa/So; Zimmer und Tisch im ❹ **OX**, Besuch beim Weingut ❺ **Daniel Feuerstein** und Rundflugtermin vorbuchen!

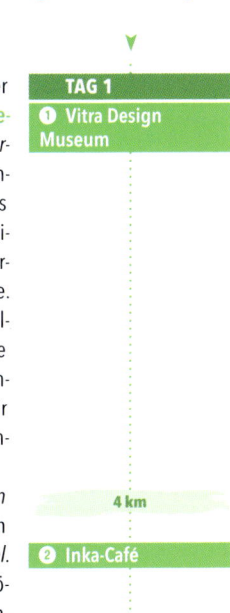

Einfach QR-Code scannen und alle Karten & Infos zu unseren Touren auch unterwegs parat haben! go.marcopolo.de/swa

Für diesen Rundumblick musst du den schönen Turm des Freiburger Münsters besteigen

MODERNES DESIGN & ALTE TAPETEN

Der Samstag beginnt in **Weil am Rhein,** kurz vor der Grenze zur Schweiz. Besuch dort das ★ ❶ **Vitra Design Museum** *(tgl. 10–18 Uhr | Eintritt 19 Euro | Charles-Eames-Str. 1 | design-museum.de),* selbst nach internationalen Maßstäben ein absolutes Highlight. Das Gebäude erkennst du schon von Weitem, eine Mischung aus klaren Kanten und verschlungenen Formen – ein bisschen Bauhaus, ein bisschen Bauklötze. Drinnen geht es um Möbeldesign und Raumgestaltung, Ursprung der Sammlung waren die Kunstwerke von Ray und Charles Eames. Jeden Samstag und Sonntag gibt es um 13 Uhr eine öffentliche Führung, die dir die Ausstellung und die Sonderausstellungen präsentiert.

Für das Mittagessen empfiehlt sich ein Abstecher *in den Ortsteil Ötlingen (ca. 10 Min. über die B 3),* wo dich das ❷ **Inka-Café** *(Do–Mo 11–18 Uhr | Dorfstr. 95 | Tel. 07621 9 53 99 25 | cafeinka.de | €)* erwartet. Bei schönem Wetter macht ihr es euch im malerischen Innenhof des alten Guts gemütlich. Außer selbstgemachten Kuchen und Torten serviert man auch herzhafte Kleinigkeiten, üppige Salate sowie die Suppen des Hauses. Seinen Namen verdankt das Café einer Einrich-

TAG 1
❶ **Vitra Design Museum**

4 km

❷ **Inka-Café**

123

tungsdesign-Sensation: Vor rund drei Jahrzehnten hat man in einem der Innenräume eine rund 200 Jahre alte Tapete entdeckt, die in spektakulären Farben die Welt der Inkas vor ihrer Entdeckung durch die Konquistadoren zeigt. Wirf einen Blick auf dieses rare Kunstwerk!

INSIDER-TIPP
Die schönste Wand im ganzen Land

VOLLES GENUSSPROGRAMM

Am Nachmittag steht Shopping auf dem Programm. *Über die B 3 und die B 532 gelangst du in einer Viertelstunde in die* ❸ Outlet-City Weil am Rhein *(Mo–Fr 11–19, Sa 10–19 Uhr | Colmarer Str. 2 | outlet-city-weil.com)*, wo Klamotten- und Schuhdesigner mit günstigen Preisen locken: Carhartt, Schiesser, Tom Tailor, Puma, Blutsgeschwister oder Edwin. Mit den Einkaufstüten im Kofferraum brichst du auf in Richtung Norden. Mach dir ein Bild von der Landschaft und *nimm statt der Autobahn die B 3, die über Efringen-Kirchen, Schliengen und Müllheim nach Heitersheim führt.* Dort checkst du im Hotel ❹ OX *(oxhotel.de)* ein, wo den Gastgebern eine tolle Mischung aus Geschichte und Gegenwart gelungen ist. Für das Abendessen solltest du auch als Hotelgast unbedingt einen Tisch reservieren! Vorher schaust du aber noch auf eine Weinprobe bei Biowinzer ❺ Daniel Feuerstein *(Hauptstr. 8 | Tel. 07634 595759 | weingut-feuerstein.de)* vorbei, dorthin spazierst du zu Fuß nur wenige Minuten. Selbstverständlich hat der Winzer, der seinen Wein rein ökologisch anbaut, den heimischen Gutedel im Sortiment. Aber auch so exotische Rebsorten wie Johanniter oder Helios, die du nur selten ins Glas bekommst. Im Anschluss nimmst du unter

INSIDER-TIPP
Stößchen im Raritätenkabinett

6 km

❸ Outlet-City Weil am Rhein

38 km

❹ OX

0,2 km

❺ Daniel Feuerstein

den großen Kastanien vor dem OX Platz, ein wunderschönes Plätzchen für einen Sommerabend! Nicht-Vegetariern sei das Rumpsteak mit den köstlichen Knusperzwiebeln empfohlen.

BEI DEN RÖMERN ZU BESUCH

Am nächsten Morgen schläfst du aus und frühstückst ausgiebig, denn das ❻ Römermuseum Villa Urbana ➤ S. 102 öffnet sonntags erst um elf. Zu Fuß schlendert man eine Viertelstunde dorthin. Das Museum führt dir dann anschaulich vor Augen, wie das Landleben hier vor 2000 Jahren ausgesehen hat. Den Römern verdankt die Region unter anderem den Weinbau. *Vor den Toren Heitersheims liegt der* ❼ Flugplatz Bremgarten *(Hartheimer Str. 12 | Eschbach)*, wo der Hubschrauber schon auf dich wartet, sofern dir die Höhe und die Extrakosten keinen Kummer bereiten. Auf einem halbstündigen Rundflug *(ca. 220 Euro | Tel. 07633 51 27 | heli-breisgau.de)* entdeckst du die Bergwelt aus der Luft – ein einmaliges Abenteuer. Falls dir danach der Gedanke an feste Nahrung nicht den Magen umdreht,

TAG 2

2 km

❻ Römermuseum Villa Urbana

8 km

❼ Flugplatz Bremgarten

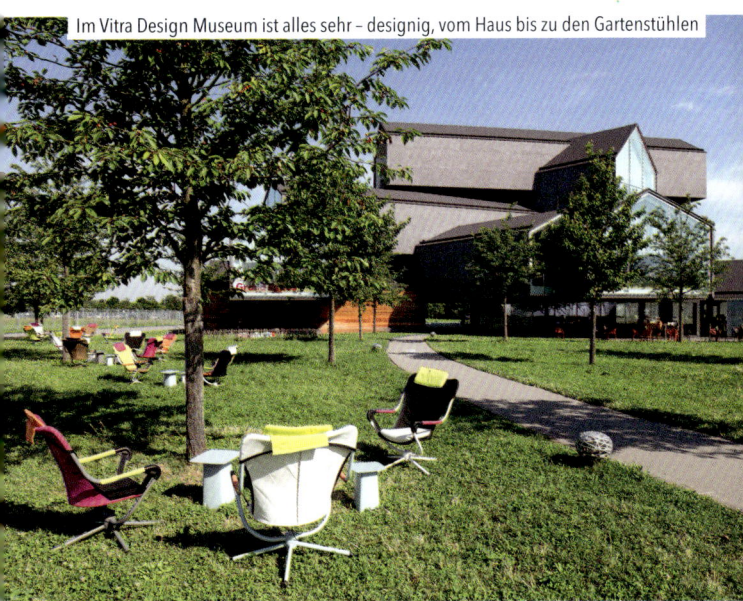

Im Vitra Design Museum ist alles sehr – designig, vom Haus bis zu den Gartenstühlen

0,5 km

8 Picknickers

stattest du unweit des Flugplatzes den **8** **Picknickern** *(Mo–Fr 6–14, Sa 6–13, So 8–13 Uhr | Max-Immel-mann-Allee 10 | Tel. 07634 5 94 80 42 | picknickers.de)* einen Besuch ab. Dabei handelt es sich um den üppig verglasten Bistroableger eines regionalen Kettenbäckers, der hier seine Backstubenschönheiten, aber auch hausgemachte Pasta, Pizza und Salate auffährt. Im Sommer auch schöne Terrasse am Rand eines kleinen Walds.

❷ DREITÄLER-DOWNHILL BIS AN DEN STRAND

➤ **Mit der Bahn vom Dreisamufer in die Feldbergregion**
➤ **Bergwelt-Biking mit grandiosen Aussichten**
➤ **Ferienspaß in der ganzen Region komplett ohne Auto**

📍	Freiburg Hauptbahnhof	🏁	Café Hermann
↻	34 Rad-km	🚲	1 Tag, reine Fahrzeit 3–4 Stunden inkl. Zug
📶	mittel	↗	1150 m

ℹ️ Mitnehmen: Sonnenschutz, Badesachen, Wasser
Achtung: Die Abfahrten sind teilweise sehr steil. Achte darauf, dass dein Rad (und seine Bremsen) in gutem Zustand sind. Trag einen Helm!
Bike-Verleih: Radikal *(Mo–Fr 9.30–19, Sa 10–16.30 Uhr | 35 Euro/Tag | Greiffeneggring 1 | Freiburg | rad-ikal.com)*

❶ Freiburg Hauptbahnhof

39 km

DURCH DIE HÖLLE AUFWÄRTS ZUCKELN

Diese Fahrradtour beginnt am **❶ Freiburger Hauptbahnhof.** *Die Regionalbahn Richtung Seebrugg bringt dich samt Fahrrad im Stundentakt in die Feldbergregion.* Und schon diese Zugreise entpuppt sich als Erlebnis, die Bahn ruckelt durchs tief eingeschnittene, felsige Höllental mit seinen vielen Tunnels und engen Kurven.

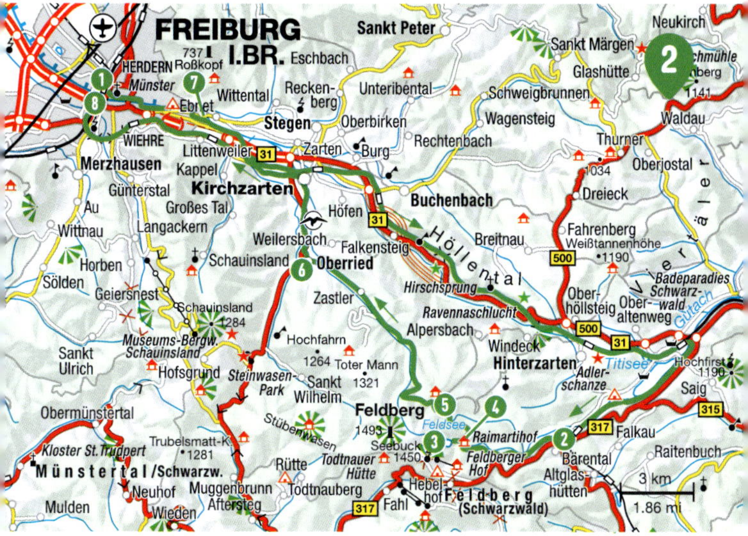

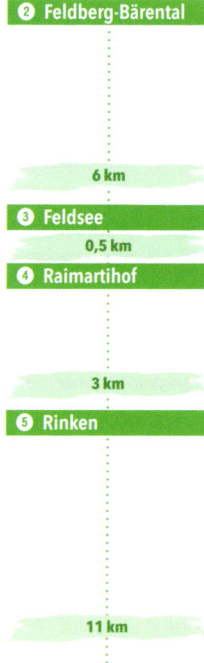

Nach 57 Minuten steigst du am Bahnhof ❷ **Feldberg-Bärental** auf nunmehr 967 m aus. Du stehst jetzt auf dem höchstgelegenen Bahnhof der Deutschen Bahn! Und dahinter geht's auch schon los: *Du rollst über den Tannenweg, an dessen Ende links bis zur Serpentine und darin biegst du nach rechts auf den Feldseeweg ab – der knapp 6 km lang leicht ansteigt.* Halt am Ufer des ❸ **Feldsees** inne und lass die mystische Aura des eiszeitlichen Gewässers auf dich wirken. Nur wenige Meter entfernt liegt der bald 125 Jahre alte ❹ **Raimartihof** ➤ **S. 111,** wo man dich mit bester Vesperküche bewirtet.

DIE SCHÖNSTEN AUSBLICKE ERRADELN

Wieder im Sattel wartet nach aufwärtigen 90 Höhenmetern und 3 km der ❺ **Rinken** mit seiner grandiosen Aussicht über die Bergwelt ringsum. *Hier triffst du nun auf den Dreiseenweg und wendest dich auf ihm Richtung Zastlertal-Oberried.* Auf den nächsten Kilometern wird's steil: *Bis ins obere Zastlertal windet sich das Sträßchen durch den Wald* und verliert mehr als 500 Höhenmeter. Gut 4 km rollst du das malerische **Zastlertal** hinab, die Straße musst du dir hier mit den Autos teilen, erst *kurz vor Oberried kannst du wieder auf einen*

❷ Feldberg-Bärental

6 km

❸ Feldsee

0,5 km

❹ Raimartihof

3 km

❺ Rinken

11 km

Radweg ausweichen. Im Ort biegst du links in die Hauptstraße ein, folgst ihr ein paar Meter und kneifst vor der **❻ Bäckerei Steimle** *(Mo–Sa 7–18, So 8–18 Uhr | Hauptstr. 34 | baeckerei-steimle.de | €)* die Bremsbacken zusammen. In der Backstube versteht man sich auf die einheimischen Süßigkeiten, probier unbedingt die Schwarzwälder Kirschtorte! Fortan befindest du dich im weit geöffneten Dreisamtal ➤ S. 117, so heißt nun auch der Radweg, *den du in Richtung Kirchzarten befährst.* Halt mal an und wirf einen Blick zurück: Mächtig erhebt sich der Schwarzwald hinter dir, ein wunderschönes Naturschauspiel!

RUNTERKÜHLEN!

Der Weg führt jetzt am Gleis entlang (hier bist du vorhin mit der Bahn hochgefahren), wenig später unterquerst du die B 31 und findest dich am Dreisamufer wieder. Und radelst erneut durchs Grüne – mitten ins Blaue: Kurz nachdem du Freiburg erreicht hast, stoppst du schon am **❼ Strandbad** *(Juni–Mitte Sept. Mo–Fr 7–21, Sa/So 9–20 Uhr, April–Mai tel. anfragen | Eintritt 4,50 Euro | Schwarzwaldstr. 195 | Tel. 0761 2 10 55 60 | badeninfreiburg.de)*, wo dir der Rest des Nachmittags gehört. Die Tour endet fast genau dort, wo sie begann –

❻ Bäckerei Steimle

9 km

❼ Strandbad

Etappenziel Strandbad: Und jetzt nichts wie ab ins Wasser, du hast es dir verdient!

am Hauptbahnhof: *Gleich nebenan, zwischen „Blauer Brücke" und Stadtbahn, empfängt* dich das lässige ❽ **Café Hermann** *(Mo–Do 9–0, Fr/Sa 9–2, So 10–22 Uhr | hermannfreiburg.de)* mit knusprigen Flammkuchen, hausgemachten Maultaschen und einer leckeren Cocktailauswahl. Und mit der wohl schönsten palettenmöblierten Dachterrasse der Stadt – auf der du das Glas in Richtung Schwarzwald und Sonnenuntergang erhebst.

INSIDER-TIPP
Sundowner mit Bergblick

5 km
❽ Café Hermann

❸ AUF DEM WIESENSTEIG

- ➤ Der pure Landschaftsgenuss!
- ➤ Unterwegs zünftig einkehren und stärken
- ➤ In den Wanderpausen auf Himmelsliegen relaxen

📍 Renchtalhütte		🏁 Renchtalhütte	
🔄 9,5 km		🚶 ½ Tag, reine Gehzeit 3 ½ Stunden	
📊 mittel		↗ ca. 800 m	

ℹ Achtung: Anfahrt Renchtalhütte mit dem Auto (über B 28, aus Bad Peterstal-Griesbach kommend): Am Ortseingang von Bad Griesbach findest du rechts den großen Gebäudekomplex eines heimischen Mineralbrunnens, kurz danach biegst du links ab und folgst ca. 3 km lang der Beschilderung zur Hütte.
Zutaten für deine Brotzeit gibt's auf dem Weg nach Bad Peterstal-Griesbach kurz hinter Oberkirch im **Hofladen der Familie Ziegler** *(Mai–Okt. Mo–Fr 9–19, Sa 9–18, Nov.–April Do/Fr 9–18, Sa 9–14 Uhr | Vorder-Winterbach 5 | Lautenbach | zieglerhof-lautenbach.de).*
Den Tisch für die Einkehr im Restaurant ❹ **Herbstwasen** bereits vorher reservieren!

Das Schönste der Tour? Die Ausblicke, z. B. auf Bad Peterstal-Griesbach

- ❶ Renchtalhütte
  - 4 km
- ❷ Wilde Rench
  - 100 m
- ❸ Weiherplatz
  - 800 m
- ❹ Herbstwasen

  - 1,7 km

UNTER BÄUMEN

Du beginnst die Runde zur Mittagszeit gegen 14 Uhr an der ❶ Renchtalhütte ► S. 71. Der Wiesensteig – folg stets der Wegmarke mit dem blauen „W" – beginnt als Waldsteig: *Die Strecke führt zwischen gewaltigen Tannen hindurch.* Man kann sich gut vorstellen, welche prächtigen Schiffsmasten Bäume wie diese einst abgegeben haben. Die Niederländer rüsteten im 17. und 18. Jh. ihre Segelflotten mit den hohen, gerade gewachsenen Stämmen aus dem Schwarzwald aus. Weshalb man diese Bäume bis heute „Holländer" nennt. *Nach einer guten halben Stunde im Wald trifft der Wanderer auf die* ❷ Wilde Rench, die ihn, über zahlreiche kleine Wasserfälle hinabstürzend (man ahnt, weshalb sie „wild" genannt wird), bis zum ❸ Weiherplatz begleitet. Wer eine Brotzeit im Rucksack hat, findet dort eine schattige Vesperinsel samt Tisch und Bänken. Im Wasser des namensgebenden Weihers kühlst du einstweilen die womöglich heißgewanderten Füße. *Am Fuß des Weiherplatzes überquerst du auf einer schmalen Brücke eine kleine, heute nur noch dekorative Staumauer, bevor du wieder dem Lauf des Bachs unter Bäumen folgst.* Bald erreichst du das Gasthaus ❹ Herbstwasen *(Do–So 12–19 Uhr | Wilde Rench 68 | Tel. 07806 627 | herbstwasen.de | €–€€).* Auf der Sonnenterrasse lässt sich prima ein kleiner Kaffeeklatsch samt hausgemachtem Kuchen veranstalten.

ZWISCHEN KRÄUTERN & WILDBLUMEN

Anschließend zeigt der Weg, woher er seinen Namen hat: An den Hängen breiten sich die grünen Wiesen in der Sonne aus, verziert mit vereinzelten Kirschbäumen. Am Wegrand wachsen Kräuter und Wildblumen, allenthalben erwartet den Wanderer ein Bänkle, um den Blick hinab ins Tal und auf die Hänge ringsum zu genießen: Tu es – tu es vor allem ausgiebig! Und vergiss nicht, im bald darauf am Wegrand wartenden ❺ **Bierbrunnen** eine herzhafte Erfrischung zu stemmen, du wirst sie noch brauchen.

Eine Dreiviertelstunde hinter dem Herbstwasen überquert der Weg die Rench, du hast nun – topografisch betrachtet – den Tiefpunkt der Tour erreicht. Die Bierbrunnen-Stärkung von vorhin wird nun gebraucht, denn es erwarten dich die Westhänge des Renchtals. *Der Weg steigt tüchtig an, selbst redselige Wanderkumpanen werden etwas schweigsamer. Bald ist aber Platz für die nächste Pause, nämlich auf den* ❻ **Himmelsliegen.** Die fest montierten Liegestühle erlauben nicht nur einen Blick ins tiefe Himmelblau, sondern auch auf die Hänge gegenüber.

AUF DER SONNENSEITE

Anschließend geht es noch steiler den Berg hinauf, dies ist der sportlichste Teil der ganzen Route. Vor der Sonne schützt dich nun dichter Wald. Lass es langsam angehen und versäum bloß nicht den einen oder anderen Blick zurück – wunderschön liegt dir das Tal nun zu Füßen. Und nach drei Stunden Gesamtwanderzeit blinzelt endlich wieder die ❶ **Renchtalhütte** mit ihrer großen Sonnenterrasse zwischen dem Laub hindurch. *Allerdings hoch oben, ein paar Höhenmeter lauern noch.* Sei's drum, gib jetzt ruhig ein bisschen Gas, am Ziel wirst du für alle Mühen belohnt! Der Blick über das Tal ist nämlich ebenso großartig wie das Ambiente im Inneren gemütlich! Kulinarisch wird vom Speckbrett über den Wurstsalat bis hin zum Rumpsteak alles in ziemlich guter Qualität serviert. Lass den Abend in einer der schönsten Hütten des Schwarzwalds ausklingen.

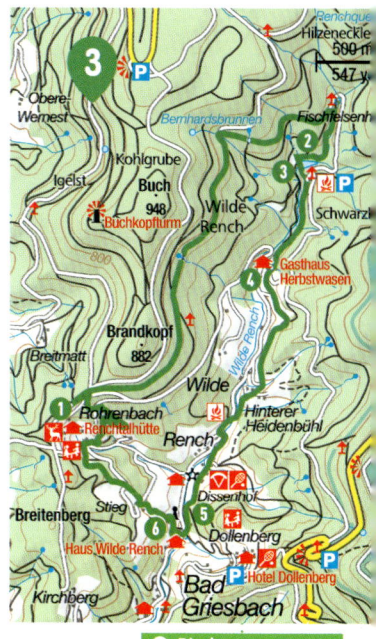

❺ Bierbrunnen

800 m

❻ Himmelsliegen

2,2 km

❶ Renchtalhütte

GUT ZU WISSEN
DIE BASICS FÜR DEINEN URLAUB

ANKOMMEN

ANREISE

Aus dem Norden kommend nimmst du auf der A 8 Karlsruhe–Stuttgart die Ausfahrt Pforzheim. Die A 5 zwischen Frankfurt und Basel bietet westliche Anbindungen wie Baden-Baden, Offenburg und Freiburg. Im Osten tangiert die A 81 Stuttgart–Singen den Schwarzwald; wichtigste Anschlüsse sind Horb, Oberndorf, Rottweil, Villingen-Schwenningen oder Geisingen. Von Süden sind die wichtigsten Zugänge die A 5, die B 317 ab Lörrach und die B 500 ab Waldshut.

Von den größeren ICE-Bahnhöfen in Karlsruhe, Baden-Baden, Offenburg und Freiburg fahren sowohl die Schwarzwaldbahn Offenburg–Donaueschingen als auch die Höllentalbahn Freiburg–Hinterzarten–Titisee–Schluchsee–Feldberg in den Schwarzwald hinein. Wer mehrere Übernachtungen bucht, sollte nach dem RIT-Schwarzwald-Ticket fragen, mit dem man alle Züge der DB in den Schwarzwald ohne Zugbindung nutzen kann. Die Zuganreise von Osten ist nicht empfehlenswert, denn sie führt über weitgehend unbedeutende Nahverkehrsstrecken.

Der nächstgelegene internationale Flughafen ist der Baden-Airpark bei Baden-Baden, im Süden ist der Airport Basel-Mulhouse-Freiburg (mit Flughafenbusanbindung, 60 km ab ZOB Freiburg) am günstigsten, im Norden der Flughafen Stuttgart.

Fernbusse *(flixbus.de)* steuern die Region – vornehmlich über das Rheintal –, von München aus, aber auch über die Bodensee-Region an. Wichtigste Haltestellen sind Baden-Baden, Offenburg, Freiburg und Pforzheim. Aber auch Titisee-Neustadt verfügt über einen Halt.

Ins dichte Grün des Walds mit Bachrauschen führen viele Wege

AUSKUNFT
SCHWARZWALD-TOURISMUS
Tel. 0761 89 64 60 | schwarzwald-tourismus.info

WEITER-KOMMEN

MOTORRAD
Viele Kurorte sind für Motorradfahrer gesperrt, auch manche Bergstrecke (z. B. Schauinsland) darf nicht immer von Motorrädern befahren werden. Trotzdem ist der Schwarzwald mit seinen kurvenreichen Sträßchen ein Eldorado für Motorradfahrer. Etliche Hotels sind besonders auf Biker eingestellt. Einen Überblick bieten u. a. Schwarzwald-Tourismus *(schwarzwald-tourismus.info)* oder der Reiseanbieter *Sunrise Bike Travel (Gerbergasse 2 | 79379 Müllheim | Tel. 07631 17 18 95 | sunrise-bike-travel.de).*

ÖFFENTLICHE VERKEHRSMITTEL
Konus (Kostenlose Nutzung des Nahverkehrs) heißt das Projekt zur Gratisnutzung der öffentlichen Verkehrsmittel für Schwarzwaldurlauber. Mit der Konus-Gästekarte dürfen Urlauber Bahnen und Busse kostenlos nutzen. Über 145 Orte und neun Verkehrsverbünde decken fast den gesamten Geltungsbereich im Schwarzwald ab. Weitere Informationen unter *schwarzwald-tourismus.info*. Du bekommst die Karte von deinem Gastgeber.

IM URLAUB

CAMPING
Im Schwarzwald gibt es mehr als 70 Campingplätze, etliche davon bieten

auch Wintercamping. Wildes Zelten ist verboten, außer man holt sich die Erlaubnis bei einem Landwirt. Einen guten Überblick liefert die Broschüre *Camping & Caravan*, kostenlos zu beziehen bei Schwarzwald-Tourismus (*schwarzwald-tourismus.info*). Ebenfalls hilfreich: *ecocamping.de*.

INSIDER-TIPP
Wo Puristen rasten

Im Nord- und im Südschwarzwald gibt es mitten im Grünen Trekkingcamps mit jeweils maximal drei Plätzen für Zelte, einer Feuerstelle und einem Klohäuschen (*Mai–Okt. | 10 Euro pro Zelt | Plätze online buchbar | trekking-schwarzwald.de*).

FEIERTAGE

1. Jan.	Neujahr
6. Jan.	Hl. Drei Könige
Feb./März	*Fasnetmändig* (Rosenmontag) ist zwar kein gesetzlicher Feiertag, wird aber von Ämtern, Schulen und Handel eisern so behandelt.
März/April	Karfreitag, Ostermontag
1. Mai	Tag der Arbeit
Mai/Juni	Christi Himmelfahrt, Pfingstmontag, Fronleichnam
3. Okt.	Tag der Deutschen Einheit
1. Nov.	Allerheiligen
25./26. Dez.	Weihnachten

FERIEN AUF DEM BAUERNHOF

Ein Urlaubsquartier auf einem Bauernhof bedeutet Erlebnis und Spaß für die ganze Familie in idyllischer Natur, mit Tieren zum Anfassen und Produkten aus eigener Herstellung und gibt Einblicke in die landwirtschaftliche Arbeit. Viele Bauern haben Spezialangebote wie etwa die „romantische Heunacht" oder Urlaub auf dem Ponyhof im Programm. Bei Schwarzwald-Tourismus gibt es die Broschüre *Urlaub auf den Ferienhöfen* (*schwarzwald-tourismus.info*), weitere Infos unter *bauernhofurlaub.de*. Informativ ist auch die Seite des *Arbeitskreises Kinderbauernhöfe (kinder-bauernhoefe.de*) in Donaueschingen, die die beteiligten Höfe auflistet.

FERIENWOHNUNGEN

Die Zahl der Pensionen und Höfe, die im Schwarzwald Ferienwohnungen anbieten, ist kaum zu überblicken. Dennoch haben sich Tourismus-Experten die Arbeit gemacht und gewaltige Datenbanken angelegt. Tausende Ferienwohnungen mit Fotos und Angaben zur Ausstattung listet *schwarzwald-tourismus.info* auf. Dort kannst du die Wohnungen auch gleich buchen. Telefonisch berät man dich unter *Tel. 0761 89 64 60*.

JUGENDHERBERGEN

23 Jugendherbergen im Schwarzwald bieten günstige Übernachtungen in schöner Landschaft. Erforderlich ist ein gültiger Ausweis des *Deutschen Jugendherbergswerks*. Infos, Ausweise und günstige Last-Minute-Angebote beim *Landesverband Baden-Württemberg (Tel. 0711 66 47 47 26 | jugendherberge-bw.de*).

NATURSCHUTZ

Der gesamte Südschwarzwald und der Nordschwarzwald sind als Naturpark ausgewiesen. Es gelten dort z. T. sehr strenge Regeln (kein Feuer machen, Wege nicht verlassen, Bade- und Klet-

FESTE & EVENTS
RUND UMS JAHR

JANUAR/FEBRUAR

Schlittenhunderennen (Todtmoos)
Weltcup-Skispringen (Titisee-Neustadt)
Alemannische Fasnet: z. B. **Narren-sprung** in Rottweil; **Bach-na-Fahrt** (Schramberg) in Holzzubern durchs winterkalte Wasser
Schwarzwälder Schneeskulpturen-Festival (Bernau)

MÄRZ

Pferdezüchtertag (Sankt Märgen)
Puppentheaterwoche (Gernsbach)

APRIL

Antik-Uhrenbörse (Eisenbach)
Müllheimer Weinmarkt

MAI

Frühjahrsmeeting (Baden-Baden, If-fezheim): mondänes Galopprennen
Erdbeerfest (Oberkirch)

JUNI

Orgelfest Waldkirch: alle drei Jahre, das nächste 2025

JULI

⭐ **Zelt-Musik-Festival** (Freiburg): mit intern. Topstars in der Zeltstadt (Foto)
Calwer Klostersommer (Hirsau): Freilufttheater in der Klosterruine
Musikfestival Rossini (Bad Wildbad)
Hornberger Schießen (Hornberg)
Sea You Festival: Elektrosound-Me-gaparty am Tunisee bei Freiburg

AUGUST

Floßhafenfest (Wolfach): auf der Kin-zig, alle zwei Jahre, das nächste 2024
Hinterzartener Sommer-Skispringen
Ibacher Nostalgieradfahrt: auf Rad-Oldtimern durchs Renchtal

SEPTEMBER

Weinfest Offenburg

DEZEMBER

Adventskalender (Schonach und Gengenbach)
Wildromatischer **Weihnachtsmarkt** in der Ravennaschlucht

Immer an den Bächle lang – auch eine Möglichkeit, sich Freiburg zu erschließen

die Basler Museen gleich in der Nachbarschaft!), ist ein Jahr lang gültig und gewährt dir freien Eintritt in 345 Museen in der Region. Der Pass kostet 112 Euro pro Person, im Preis inbegriffen sind aber auch 5 Kinder unter 18 Jahren. Du erhältst ihn online oder bei den Touristinformationen z. B. in Freiburg, Weil am Rhein und Schopfheim. Die Liste der teilnehmenden Museen, Verkaufsstellen sowie die Möglichkeit zur Onlinebestellung gibt es auf *museumspass.com*.

SCHWARZWALDCARDS

Die 🐾 *Schwarzwaldcard* bietet ermäßigten oder sogar freien Eintritt in mehr als 200 Freizeiteinrichtungen im Schwarzwald (u. a. Museen, Bergbahnen, Schaubergwerke, Spaßbäder). Sie kostet 45 Euro (Kinder 33 Euro) bzw. 90 Euro (Kinder 76 Euro) mit Europa-Park und kann ganzjährig an drei frei wählbaren Tagen genutzt werden. Die Karte gibt es bei allen Kurverwaltungen und in vielen Hotels oder online unter *schwarzwald-tourismus.info*.

Wer mehr als zwei Nächte in der Region bleibt, bekommt von vielen Gastgebern rund um den Nationalpark die 🐾 *Schwarzwald-Plus-Karte (schwarzwaldplus.de)* ausgehändigt. Sie ermöglicht den kostenlosen Besuch bzw. die kostenlose Nutzung von mehr als 80 Einrichtungen und Attraktionen.

Die 🐾 *Hochschwarzwald-Card (hochschwarzwald.de/card)* bietet freien bzw. vergünstigten Eintritt in über 100 Einrichtungen, sobald du mindestens zwei Nächte in der Region gebucht hast – die Angebote werden rein

terverbot, keine Tiefschneefahrten abseits der Pisten, keine Pflanzen mitnehmen). In den besonders herausragenden Naturschutzgebieten Wutachschlucht und Feldbergregion im Südschwarzwald sind als *Wutachranger* und *Feldbergranger* ausgebildete Naturschützer unterwegs, um auf die Einhaltung der Vorschriften zu pochen und die Spielregeln zu erklären. Infos im *Haus der Natur (Doktor-Pilet-Spur 4 | 79868 Feldberg | Tel. 07676 93 36 30 | naz-feldberg.de)*

OBERRHEINISCHER MUSEUMSPASS

Das Ticket nicht nur für den Schwarzwald, sondern auch für Frankreich und die Schweiz (sehr sehenswert sind z. B.

digital unter *mein.hochschwarzwald. de* kombiniert bzw. gebucht.

STADT- UND ERLEBNISFÜHRUNGEN

Grusel, Gegacker und Gänsehaut statt trockener Faktenflut: Mitreißend verwandeln schauspielerische Stadt- und Erlebnisführungen den Schwarzwald in eine große Bühne. Z. B. in Freiburg veranstaltet *Historix-Tours (Tel. 0761 2170488 oder 0179 1160722 | historix-tours.de)* mal gruselige, mal witzige Führungen durch die nächtliche Altstadt. Dabei trägt der Stadtführer gern das Gewand eines Nachtwächters und eine Laterne. Unterhaltsam sind auch die *Outdoor-Escape-Spiele* von *Original Landreisen (Tel. 0761 8879 31 10 | original-landreisen.de)*, deren packend-kniffliger Kontext mal in der Römerzeit, mal im Mittelalter, mal in ferner Zukunft zu finden ist. In der Faust-Stadt *Staufen*

wird eine schaurige *Mephisto-Tour (mephisto-tour.de)* angeboten; und den *Morlokhof* in Baiersbronn erklärt dir ein Schauspieler, der sich als sagenumwobener Wunderheiler ausgibt; über Hotel *Bareiss (Tel. 07442 470 | bareiss. com)*.

WAS KOSTET WIE VIEL?

Kaffee	2–3 Euro
	für eine Tasse
Skilift	30–39 Euro
	für eine Tageskarte
Wein	5–8 Euro
	für ein Viertele
Wurstsalat	8–12 Euro
	für eine Portion
E-Bike	29–35 Euro
	Leihgebühr pro Tag
Kurtaxe	1,50–3,80 Euro
	pro Tag

WETTER IN FREIBURG

 Hauptsaison
Nebensaison

JAN.	FEB.	MÄRZ	APRIL	MAI	JUNI	JULI	AUG.	SEPT.	OKT.	NOV.	DEZ.

Tagestemperaturen

| 4° | 6° | 11° | 15° | 20° | 23° | 25° | 24° | 21° | 14° | 9° | 5° |

Nachttemperaturen

| -2° | -1° | 2° | 5° | 9° | 12° | 14° | 13° | 11° | 6° | 3° | -1° |

| 2 | 3 | 5 | 6 | 7 | 8 | 8 | 8 | 6 | 4 | 2 | 2 |

| 17 | 15 | 13 | 15 | 15 | 16 | 15 | 14 | 14 | 15 | 17 | 16 |

☀ Sonnenschein Stunden/Tag   ☂ Niederschlag Tage/Monat

URLAUBS FEELING
ZUM EINSTIMMEN & AUSKLINGEN

LESESTOFF & FILMFUTTER

📖 DAS ALPHABETHAUS

Als zwei britische Piloten im 2. Weltkrieg über Deutschland abgeschossen werden, „retten" sie sich in ein bizarres Schwarzwald-Sanatorium. Die Ereignisse dort sowie 30 Jahre später in Freiburg schildert der dänische Thrillerspezialist Jussi Adler-Olsen. (2012)

📖 UNTERM RAD

Das traurige Schicksal des hochbegabten Lateinschülers Hans Giebenrath hat der spätere Literaturnobelpreisträger Hermann Hesse 1906 veröffentlicht – eine Zeitreise ins Calw der vorletzten Jahrhundertwende.

🎥 25 KM/H

Das großartige Mopedmärchen mit Bjarne Mädel und Lars Eidinger beginnt in einem verschlafenen Schwarzwaldstädtchen. Dieses und die Landschaft ringsum werden in dem Roadmovie, das die Brüder durch Deutschland führt, keinesfalls zu ihrem Nachteil inszeniert. (2018)

🎥 WILDES DEUTSCHLAND, SCHWARZWALD

Grandios gefilmte Naturdoku über den Lebensraum zwischen Pforzheim und Hochrhein. In den Hauptrollen: Luchs und Auerhahn, Hirsch und Fasnachtshexe. Wirklich wild!

PLAYLIST QUERBEET

0:58

FOOLS GARDEN – LEMONTREE
Zwischen den Schwarzwaldtannen ragt musikalisch ein Pforzheimer Zitronenbäumchen heraus.

▶ REAMONN – SUPERGIRL
Dass die Band Breisgau-Wurzeln hat, wissen die wenigsten. Ist aber so!

▶ MAX MUTZKE – CAN'T WAIT UNTIL TONIGHT
ESC-geprüfter Sound aus Waldshut-Tiengen im südlichsten Baden

▶ LEOPOLD KRAUS WELLENKAPELLE – TITISEE-TWIST
Kultband seit Jahrzehnten mit regionaler Herkunftsgarantie

▶ ÄL JAWALA – ZYKLOP SURFERS
Fetzige Balkan-Beats aus Freiburg, die bis in die Blutbahn prickeln.

Den Soundtrack zum Urlaub gibt's auf **Spotify** unter **MARCO POLO Baden-Württemberg**

Oder Code mit Spotify-App scannen

AB INS NETZ

SCHWARZWALDRADIO.COM
Große Gefühle in der Muettersproch: Das Regionalradio hat internationale Musikklassiker ins Badische übersetzt. Wenn Elvis, Joe Cocker oder Michael Jackson das wüssten – großartig! (schwarzwaldradio.com/auf-gut-badisch)

DIE MARKGRÄFLERIN
Unermüdlich und sehr appetitanregend schreibt Karin Schindler über Land, Leute und Genuss. Ihre Sammlung heimischer Rezepte ist riesig, dazu gibt's Gastrotipps und viel Heimatfotografie. (markgraeflerin.wordpress.com)

OASEVERLAG.DE
Unter dem Reiter „Abels Kolumnen" sind die sehr unterhaltsamen, nicht selten auch giftigen Beiträge von Wolfgang Abel zu lesen. Der gute Mann ist Verleger, Journalist, Buchautor und einer der profundesten Kenner badischer Lebensart.

HOCHSCHWARZWALD TOUREN
Die App entstand in Zusammenarbeit mit dem Wanderkartenspezialisten *Outdooractive* und bietet eine üppige Datenbasis für mehr als 400 Touren auf dem „Dach" des Schwarzwalds.

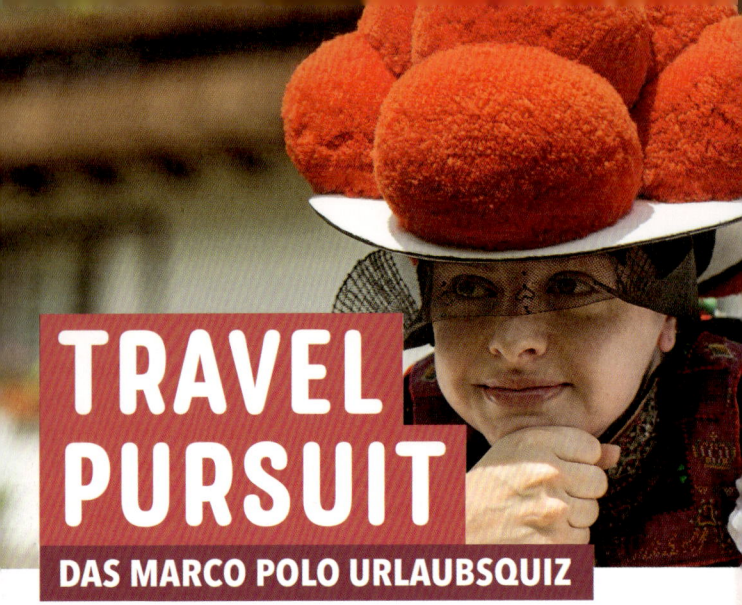

TRAVEL PURSUIT

DAS MARCO POLO URLAUBSQUIZ

Weißt du, wie der Schwarzwald tickt? Teste hier dein Wissen über die kleinen Geheimnisse und Eigenheiten von Land und Leuten. Die Lösungen findest du in der Fußzeile. Und ganz ausführlich auf den S. 20–25.

❶ In welchem Tal im Mittleren Schwarzwald ist der Bollenhut ursprünglich zu Hause?
a) Wutachtal
b) Zorntal
c) Gutachtal

❷ Welche Farbe haben die Bollen auf dem Hut lediger Frauen?
a) Schwarz
b) Rot
c) Gold

❸ Wie nennen sich die Fasnachtsvereine im Schwarzwald und im Rheintal?
a) Zünfte
b) Gilden
c) Bruderschaften

❹ In Freiburg liegt ein maritimes Bauwerk vor Anker, wie heißt es?
a) Mondjolle
b) Sonnenschiff
c) Sternzerstörer

❺ Was schenkt die Birgit auf dem Bieretikett der Staatsbrauerei Rothaus aus?
a) Tannenzäpfle
b) Douglasienstämmle
c) Fichtenzweigle

❻ Welches architektonische Vorbild hat die klassische Kuckucksuhr?
a) Polizeistatiönchen
b) Bauernpalästchen
c) Bahnwärterhäuschen

Noch Single oder verheiratet? Die Farbe der Bollen auf dem Hut verrät es … vielleicht

Lösungen: 1c, 2b, 3a, 4b, 5a, 6c

KAPUZINERGARTEN

★ ★ ★

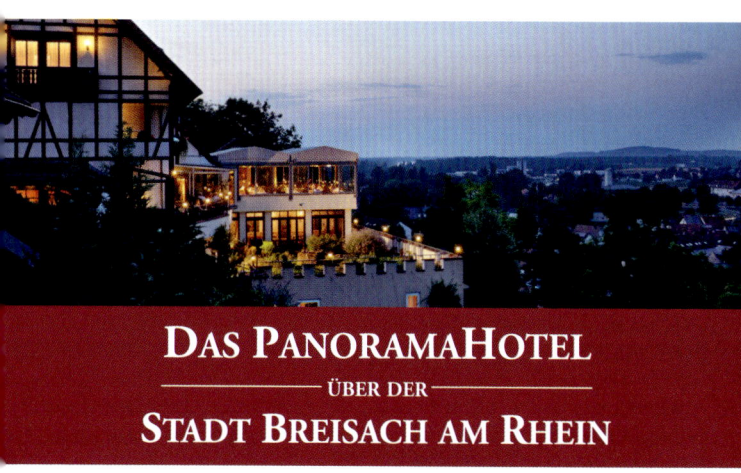

DAS PANORAMAHOTEL
— ÜBER DER —
STADT BREISACH AM RHEIN

- 43 Zimmer unterschiedlicher Kategorien, mit Panorama, ökologisch und nachhaltig ausgestattet
- UVC Luftreiniger in allen Zimmern & Aufenthaltsräumen
- HausWeinBar, WeinAutomat 24/7
- Wein soweit das Auge reicht - inkl. eigene Weinlinie
- MiniSpa mit Sauna, Massage-Angebote
- Gesundes, reichhaltiges Frühstücksbüffet mit Bio-Auswahl, Tee-Bar, Kaffeespezialitäten - alles aus unserer Region
- Idealer Ausgangspunkt für Tagestouren
- abgeschlossene Fahrrad-Unterstellmöglichkeiten
- E-Tankstelle vor dem Haus
- gratis Ticket für den ÖPNV

WEIN
SÜDEN
HOTEL

KAPUZINERGARTEN
D - 79206 BREISACH

kapuzinergarten.de
TEL. +49 7667 93000

REGISTER

LOB ODER KRITIK? WIR FREUEN UNS AUF DEINE NACHRICHT!

Trotz gründlicher Recherche schleichen sich manchmal Fehler ein. Wir hoffen, du hast Verständnis, dass der Verlag dafür keine Haftung übernehmen kann.

MARCO POLO Redaktion • MAIRDUMONT • Postfach 31 51 73751 Ostfildern • info@marcopolo.de

Impressum
Titelbild: Bauernhof bei Schluchsee (huber-images: R. Schmid)
Fotos: W. Dieterich (10); DuMont Bildarchiv: M. Kirchner (89); huber-images: F. Cogoli (130), Mehlig (40/41), R. Schmid (8/9, 16/17, 33, 54, 70, 82, 90, 119, 138/139); Laif: R. Brunner (125, 140), G. Knechtel (112), T. Gerber (12, 84/85, 92, 95, 97, 122/123), M. Kirchgessner (22, 28/29, 50, 99), M. Kirchner (26/27), K.-H. Raach (21), B. Steinhilber (53), A. Teichmann (14/15); Laif/Le Figaro Magazine: Mazodier (47); Laif/Polaris: P. Oliosi (58); Laif/robertharding: M. Lange (76, 79); Look: Fleisher (30), D. Schönen (Klappe hinten, 29, 36, 68/69, 80, 106/107, 115, 120, 135), H. Wohner (101); Look/robertharding (111); Look/Travel Collection (72); mauritius images: W. Bibikow (75), C. Eberle (132/133), M. Lange (102); mauritius images/Alamy: MITO (34/35), Stockfolio (32/33); mauritius images/hemis.fr: R. Mattes (6); mauritius images/history (24); mauritius images/imagebroker: M. Lange (62/63), D. Schönen (Klappe vorne außen, Klappe vorne innen/1); mauritius images/Rodrun: Knöll (57); mauritius images/Westend61: M. Keller (13); picture-alliance/chromorange: J. Feuerer (49); picture-alliance/dpa: P. Seeger (128); picture-alliance/Foto Huebner (116); A. Schlatterer (11, 136); Shutterstock: L. Andronov (2/3), ilolab (67), marako85 (60/61), mezzotint (105); F. Wachsmann (143)

19., aktualisierte Auflage 2023
© MAIRDUMONT GmbH & Co. KG, Ostfildern
Autoren: Florian Wachsmann, Roland Weis
Redaktion: Christina Sothmann
Bildredaktion: Anja Schlatterer
Kartografie: © MAIRDUMONT, Ostfildern (S. 38–39, 124, 127, Umschlag außen, Faltkarte); Kompass Karten GmbH, A-Innsbruck © MAIRDUMONT, Ostfildern (S. 131) © MAIRDUMONT, Ostfildern, unter Verwendung von Kartendaten von OpenStreetMap, Lizenz CC-BY-SA 2.0 (S. 42–43, 45, 64–65, 86–87, 91, 108–109)
Als touristischer Verlag stellen wir bei den Karten nur den De-facto-Stand dar. Dieser kann von der völkerrechtlichen Lage abweichen und ist völlig wertungsfrei.
Gestaltung Cover, Umschlag und Faltkartencover: bilekjaeger_Kreativagentur mit Zukunftswerkstatt, Stuttgart; Gestaltung Innenlayout: Langenstein Communication GmbH, Ludwigsburg
Konzept Coverlines: Jutta Metzler, bessere-texte.de
Texte hintere Umschlagklappe: Lucia Rojas

Printed in China

MIX
Papier aus verantwortungsvollen Quellen
FSC® C124385
www.fsc.org

MARCO POLO AUTOR
FLORIAN WACHSMANN

Florian Wachsmann, geboren in Berlin, wuchs in Bayern auf, im Schwäbischen und im Rheinland. Fürs Studium zog er nach Freiburg – und blieb dort kleben. Mittlerweile arbeitet er als Redakteur für den Burda-Verlag, wo er über das Reisen und Genießen schreibt. So gewappnet fährt, wandert, radelt und futtert er sich seit Jahren durch den Schwarzwald. Ein feiner Recherche-Acker, findet er.

BLOSS NICHT!

FETTNÄPFCHEN UND REINFÄLLE VERMEIDEN

ANFASSEN

Bauernläden und Hofverkauf: Die regionalen Produkte werden oft rustikal angeboten. Das heißt aber nicht, dass man jeden Käse dreimal in die Hand nehmen und umdrehen darf. Manchmal werden sie auch direkt an der Straße mit einem unbewachten „Kässle" angeboten, das du keinesfalls ignorieren solltest.

PISTEN VERLASSEN

Wintersportler halten sich besser an die markierten Pisten, Loipen und Wege. Wer im Wald die Tiefschneerouten sucht, stresst das Wild in der Winterruhe. Und harte Skikanten beschädigen die mühsam gepflanzten Baumsetzlinge unter dem Schnee. Obendrein ist es nicht ungefährlich, immer wieder ereignen sich tödliche Abstürze.

KUHSTALL-TOURISMUS

Auch ein noch so alter Bauernhof ist kein Freiluftmuseum. Selbst wenn eine Stalltür offensteht, ist das noch keine Einladung, den Kindern am lebenden Objekt den Unterschied zwischen Euter und Schwanz zu erklären. Wenn du mal unter das Walmdach eines Schwarzwaldhofs schauen magst – frag den Bauern.

SPECK SEZIEREN

Wer sein Speckvesper mit Messer und Gabel zerteilt, macht sich zum Gespött der ganzen Wirtschaft. Ein scharfes Messer reicht vollkommen für den urigen Genuss – und immer schön quer zur Faser schneiden! Das Ergebnis darf dann gerne mit den Fingern vernascht werden.

OHNE CASH AUF DIE HÜTTE

Die Bergwelteinkehr verzichtet vielerorts auf elektronische Bezahlsysteme, weshalb du ans Speckbrett nur mit barer Münze oder kleinen Scheinen kommst. Denn mal ehrlich, das ist doch der Sinn der vielgepriesenen Höhenentschleunigung: Nur offline bist du auch wirklich draußen.